죽음이 삶보다 고귀하다고 나는 믿는다.
불유쾌함으로 가득 찬 이 삶을 어떻게 빠져나갈 것인가?

Photographs ⓒ Lee Jun-Won, 2006년 볼리비아 우유니 소금사막

유리문 안에서

유리문 안에서

나쓰메 소세키
김정숙 옮김

문학의숲

작은 나와 넓은 세상 사이를 격리시키는 유리문

〈유리문 안에서〉는 나쓰메 소세키가 세상을 떠나기 일 년 전 아사히신문에 연재한 산문을 모은 것으로, 만년에 이른 작가의 인간관과 인생관을 보여 주는 작품이다. 이 책에서 작가는 '소세키 산방'이라 불리던 자신의 집 안 서재의 유리문을 자신의 내면과 바깥 세계를 경계 짓는 은유로 사용하며, 불우한 어린 시절과 신경 쇠약과 질병에 시달려야 했던 괴로움, 사람들과 교류하면서 발견한 다양한 인간 군상의 면모에 대해 고요한 목소리로 말한다.

일본 문학의 별, 일본인들이 가장 사랑하는 작가 나쓰메 소세키. 그는 도쿄제국대학 영문과를 졸업하고 일본 문무성 제1회 국비유학생으로 선발되어 2년 간 영국에서 유학했다. 도쿄제국대학 강사로 재직하던 중 문예지에 발표한 〈나는 고양이로소이다〉가 주목을 받으며 작가의 길을 걷기 시작했으며, 이후 〈도련님〉〈꿈 열 밤〉〈산시로〉〈그 후〉〈마음〉〈길 위의 생〉 등 일본 문학사에 획을 긋는 작품들을 발표했다. 그의 작품들은 삶의 불안한 내면 풍경을 탁월한 통찰력으로 꿰뚫어 보여 주었다고 평가 받고 있다.

자신은 삶보다 죽음이 더 고귀한 것이라 믿고 있으면서도, 삶의 고통으로 죽어야 할지 살아야 할지 고민하며 찾아온 한 여인에게는 결코 죽지 말라고 당부하는 작가. 〈유리문 안에서〉는 인간에 대한 연민과 생을 향한 치열한 고뇌가 담겨 있는 작품이다.

차례

유리문 안에서·7

유리문 밖의 나와 유리문 안의 세상·151

나쓰메 소세키 연보·162

유리문 안에서

I

유리문 안에서 바깥을 둘러보면, 볏짚으로 덮인 파초라든지 빨간 열매가 건성드뭇 달려 있는 까치밥나무 가지라든지 멋없이 직립한 전봇대 같은 것은 금방 눈에 뜨이나, 그밖에 이거다 싶게 헤아릴 만한 것은 거의 시선에 들어오지 않는다. 서재에 있는 내 시야는 지극히 단조롭고, 그리고 또 지극히 좁은 것이다.

게다가 나는 작년 연말부터 감기에 걸려 거의 바깥출입을 하지 못한 채 날마다 이 유리문 안에만 앉아 있기 때문에 세상 돌아가는 모양을 까맣게 모른다. 기분이 좋지 않아서 독서도 별로 하지 않는다. 나는 그저 온종일을 가만히 앉아 있거나 누워 있는 것으로 그날그날을 보내고 있을 따름이다.

그러나 내 머리는 가끔 움직인다. 기분도 다소는 변한다. 아무리 좁은 세계라 하더라도 그 나름대로 사건은 일어난다. 그리고 자그마한 나와 넓은 세상 사이를 격리시키고 있는 이 유리문 안으로 이따금 사람이 들어온다. 그게 또 나로서는 전혀 뜻밖의 사람들로 내가 생각도 해 본 적 없는 말이나 행동을 하기도 한다. 나는 흥미에 가득 찬 눈으로 그런 그네들을 맞이하거나 보낸 일조차 있다.

나는 그런 일들을 여기에 조금 써 보려고 한다. 그리고 그런 유의 글이 바쁜 이 세상 사람들 눈에 혹시 하찮게 여겨지면 어쩌나, 하고 걱정한다. 나는 전차 속에서 신문을 꺼내들고 큰 활자에만 눈을 쏟고 있는 구독자 앞에 내가 쓰는 이같이 한가한 글자를 나열하여 지면을 채워 보이는 것을 좀 부끄럽게 여긴다. 아마 그 사람들은 하나같이 화재며 도둑이며 살인 같은, 그날그날 일어난 사건 가운데 자기가 특히 중요하다고 여기는 사건이라거나 또는 자신의 신경을 강하게 자극해 줄 수 있는 신랄한 기사 이외에는 신문을 펼칠 필요를 못 느낄 만큼 시간에 여유가 없을 테니까.―그들은 정류장에서 전차를 기다리고 있는 동안에 신문을 사고, 전차를 타고 있는 동안에 어제 일어난 사회의 변화를 알고, 그리고 관청인지 회사인지에 도착하면 그 즉시 포켓에 집어넣은 신문지 같은 것은 까맣게 잊어버리지 않으면 안 될 만큼 바쁠 테니까.

나는 지금 그 정도로 시간에 잔뜩 얽매인 사람들의 경멸을 각오한 채 이 글을 쓰려고 하고 있는 것이다.

작년부터 유럽에서는 큰 전쟁(제1차 세계대전)이 벌어지고 있다. 그리고 그 전쟁은 언제 끝날지 예상을 할 수 없는 상황이다. 일본에서도 작으나마 그 전쟁의 한 부분을 떠맡았다. 그게 끝나자 이번에는 의회가 해산되었다. 다가오는 총선거는 정치계 사람들에게 더욱 중요한 문제로 대두된 것 같다. 농촌은 농촌대로 쌀값이 너무 폭락해서 난리이고 도시는 도시대로 어디를 가나 불경기로 우는 소리 투성이다. 연중행사로 말할 것 같으면 봄 시즌 씨름대회가 바야흐로 시작되려 하고 있다. 요컨대 세상은 몹시 다사다난하다. 나같이 유리문 안에서 매일 웅크리고 앉아 있는 사람은 여간해서 신문에 얼굴을 못 내밀 것 같은 기분마저 든다. 내가 뭔가를 쓴다면 저 정치가나 군인, 실업가, 씨름광들을 밀어젖히고 쓰는 셈이 될 것이다. 나 혼자만으로는 좀체 그만한 담력이 생기지 않는다. 그런데 이 봄에 뭔가를 써 보라고 하니, 자기 이외에는 별로 관계 없는 시시한 이야기를 써 보려는 것이다. 그게 언제까지 계속될지는 내 붓의 형편과 지면의 편집 사정에 따라 결정될 터이므로 확실히 지금은 뭐라고 말할 수 없다.

2

전화벨 소리에 불려나가 수화기에 귀를 대고 용건을 묻자, 어느 잡지사 남자가 내 사진을 찍고 싶은데 언제쯤 찍으러 가면 좋은지 알려 달라고 한다. 나는 사진은 좀 곤란하다고 대답했다.

나는 이 잡지와 어떤 관계도 맺고 있지 않았다. 그렇긴 해도 과거 몇 년간 한두 권을 접해 본 기억은 있었다. 웃는 사람의 얼굴만 가득 싣는 게 그 잡지의 특색이라고 생각한 것 밖에는 지금 아무것도 머릿속에 남아 있지 않다. 하지만 대부분의 사진이 일부러 꾸며낸 듯 웃고 있는 데서 받은 불쾌한 인상은 아직도 내 기억 속에서 지워지지 않고 있었다. 그래서 거절하려고 했던 것이다.

　잡지사 남자는 을묘년 정월호이니까 토끼띠 사람들 얼굴을 나란히 모아서 싣고 싶다는 희망을 늘어놓았다. 나는 그쪽이 말하는 대로 토끼띠임에는 틀림이 없었다. 그래서 나는 이렇게 말했다.

　"당신네 잡지에 실리는 사진은 웃지 않으면 안 되지 않소?"

　"아뇨, 그렇지 않습니다."

　상대방이 얼른 대답했다. 어쩌면 내가 여태까지 그 잡지의 특색을 오해라도 하고 있었다는 듯이.

　"평소 얼굴 그대로라도 괜찮다면 실려도 좋습니다."

　"예, 그걸로 충분하니까 부탁드리겠습니다."

나는 상대방과 날짜를 약속한 뒤 전화를 끊었다.

이틀 후 약속한 시간이 되자, 전화를 걸었던 남자가 말쑥한 양복 차림에 사진기를 들고 내 서재로 들어왔다. 나는 잠시 그 사람과, 그 사람이 일하고 있는 잡지사에 대한 이야기를 나누었다. 그러고는 사진을 두 장 찍었다. 한 장은 책상 앞에 앉아 있는 평소의 모습, 또 한 장은 추운 뜰 한켠에서 을씨년스레 서 있는 흔하디흔한 모습이었다. 서재는 광선이 잘 비치지 않았기 때문에 기계를 고정시켜 놓은 뒤 마그네시아를 터뜨려야 했다. 그 불을 펑 터뜨리기 직전, 그는 목을 반쯤 내 쪽으로 내밀더니 "약속은 했습니다만, 살짝 좀 어떻게 웃어 주시지 않겠습니까?"라고 말했다. 그 순간 나는 갑자기 가벼운 익살을 느꼈다. 그러나 동시에 바보 같은 소리를 하는 남자라는 생각도 들었다. 그래서 "이만하면 됐지요." 하는 것으로써 그의 주문에는 응하지 않았다. 나를 마당의 나무 앞에 세우고 렌즈를 내 쪽으로 향했을 때도 그는 역시 앞서와 같은 정중한 태도로, "약속은 했습니다만 좀 어떻게……."라는 말을 되풀이했다. 나는 조금 전보다 더욱 웃을 기분이 들지 않았다.

그후 나흘쯤 지났을까, 그는 우편으로 내 사진을 부쳐 왔다. 그러나 그 사진은 그야말로 그의 주문대로 웃고 있는 사진이었다. 그때 나는 마치 무슨 기대가 어긋나기라도 한 것처럼 한참 자신의 얼굴을 들여다보았다. 내게는 그게 아무리 뜯어 봐도 웃고 있는 것처럼 손을 대어 조작한 것으로밖에는 보이지 않았기 때문이다.

나는 만약을 위해서 집에 오는 몇 사람에게 그 사진을 꺼내 보였다. 그들은 모두 나와 마찬가지로, 아무래도 웃는 것처럼 손질을 한 것 같다는 결론을 내렸다.

나는 태어나서 지금까지 사람들 앞에서 웃고 싶지도 않은데 웃어 보인 경험이 몇 번 있다. 그 거짓이 지금 이 사진사로 하여 복수를 당했을지도 모르겠다.

그는 쓴웃음을 흘리고 있는 내 사진은 보내 주었지만 그 사진을 싣겠다던 잡지는 끝내 보내 오지 않았다.

3

 내가 H씨로부터 헥토르(개 이름. 호메로스의 〈일리어드〉에 나오는 트로이 전쟁의 용장 헥토르에서 따왔다)를 받은 것도, 생각해 보면 이미 3, 4년 전의 옛날 일이 된다. 마치 꿈같은 기분조차 든다.

 그때 그 개는 갓 젖을 뗀 어린애였다. H씨의 제자는 그를 보자기에 싸안은 채 전차를 타고 우리 집까지 데려다주었다. 나는 그날 밤 그를 뒤란의 광 한구석에 눕혔다. 그리고 춥지 않도록 짚더미를 깔아 될 수 있는 대로 편한 잠자리를 만들어 준 뒤 문을 닫았다. 그러자 그는 초저녁부터 울어 대기 시작했다. 한밤중에는 문을 발톱으로 긁어 대며 바깥으로 나오려고 했다. 어두운 곳에서 혼자 자는 게 외로웠으리라. 이튿날 아침까지 꼬박 뜬눈으로 밤을 새운 모양이었다.

 이 불안은 다음날 밤에도 계속되었고, 그 다음날 밤에도 여전했다. 그가 일주일 남짓 걸려 겨우 짚더미 위에서 조용히 잠들 때까지, 밤만 되면 나는 그의 일이 마음에 걸렸다.

아이들은 개를 신기해하며 하루종일 장난감처럼 가지고 놀았다. 하지만 이름이 없기 때문에 한 번도 그를 부를 수 없었다. 아이들은 개 이름을 부르며 놀고 싶어 했다. 그래서 나에게 개 이름을 지어 달라고 졸라 대기 시작했다. 나는 마침내 헥토르란 저 위대한 이름을 이 아이들의 벗에게 지어 주었다.

그것은 〈일리어드〉에 나오는 트로이 제일의 용장 이름이었다. 트로이와 그리스가 전쟁을 했을 때, 헥토르는 끝내 아킬레우스의 창 끝에 쓰러졌다. 아킬레우스는 헥토르에게 살해당한 친구의 원수를 갚은 것이다. 아킬레우스가 분노하여 그리스로부터 미친 듯 쳐들어왔을 때, 성 안으로 도망가지 않은 사람은 오직 이 헥토르 한 사람뿐이었다. 헥토르는 세 번이나 트로이의 성벽을 돌며 아킬레우스의 공격을 피했다. 아킬레우스도 세 번이나 트로이의 성벽을 돌며 그 뒤를 쫓았다. 그러고는 마침내 헥토르를 창검으로 찔러 죽였다. 그리고 그의 시체를 자신의 전차 꽁무니에 매달고 질질 끌며 또 트로이의 성벽을 세 번이나 돌아다녔다…….

나는 이 위대한 이름을, 보자기에 싸여 온 작은 강아지에게 붙여 준 것이다. 아무것도 모르는 아이들조차 처음에는 이상한 이름이라고 수군거렸다. 그러나 금방 익숙해졌다. 개도 헥토르라고 불릴 때마다 기쁜 듯 꼬리를 흔들었다. 하지만 시간이 차츰 지나자 그 유명한 이름도 나에게는 존이라든가 조지라고 하는 평범한 예수교 신자의 이름처럼 시들해져서 추호도 고전적인 울림을 전해 주지 않게 되었다. 아울러 집 식구들로부터도 점점 그 전만큼 소중히 여겨지지 않게 되어 갔다.

헥토르는 한때 개들이 흔히 걸리는 지스텐파라는 전염병에 걸려 입원한 적이 있다. 그때는 애들이 자주 병원으로 찾아갔다. 물론 나도 병문안을 갔었다. 내가 찾아갔을 때 그는 자못 기쁜 듯이 꼬리를 흔들며 반가운 눈빛으로 나를 바라보았다. 나는 쭈그리고 앉아 얼굴을 그에게 바싹 들이댄 채 오른손으로 그의 머리를 쓰다듬어 주었다. 그는 그 보답으로 내 얼굴을 어디라 할 것 없이 마구 핥아 대려고 했다. 그때 그는 내가 보는 앞에서 처음으로 의사가 권하는 소량의 우유를 먹었다. 그때까지 고개를 가로젓고 있던 의사도 이 정도라면 혹시 나을지도 모르겠다고 했다. 헥토르는 과연 나았다. 그리고 집에 돌아와 다시 기세 좋게 사방을 뛰어다녔다.

4

 얼마 안 있어 헥토르는 친구 두엇을 만들었다. 그 가운데서도 제일 친했던 친구는 앞집 의사네 집에 살던, 그와 같은 또래의 장난꾸러기 개였다. 이놈은 기독교 신자에게나 어울림직한 존이란 이름을 가지고 있었지만, 성질은 이단자인 헥토르보다 훨씬 못됐던 모양이다. 무턱대고 사람을 물어 대는 버릇 때문에 끝내 맞아 죽고 말았다.

 그는 이 악우惡友를 우리 집 정원으로 끌어들여 멋대로 장난을 쳐서 나를 곤혹스럽게 만들었다. 그들은 툭하면 정원의 나무 밑둥을 파헤쳐 커다란 구멍을 만들고는 기뻐서 이리 뛰고 저리 뛰었다. 또 일부러 꽃밭에 벌렁 드러누워 예쁜 꽃을 짓이기거나 꽃대궁이를 사정없이 물어뜯곤 했다.

존이 죽고 나자 무료해진 그는 밤낮없이 밖으로 나돌아 다니며 노는 것을 익히게 되었다. 산책이라도 할 양으로 밖으로 나갈 때면 나는 번번이 파출소 옆에서 해바라기를 하고 있는 그를 보았다. 그렇기는 하지만 어쩌다 집에 있는 날이면 수상쩍은 사람에게 으르렁거리는 모습도 곧잘 보여 주었다. 그중에서도 가장 맹렬하게 그의 공격을 받은 이는 혼죠 근처에서 오는 열 살 가량 난, 가쿠베지시角兵衛獅子(니이가타 현 新潟縣 츠키가타무라月潟村에서 전해지는 사자춤. 매년 발생하는 홍수로 굶주린 마을에서 아이들에게 이 사자춤을 가르쳐 곡예단을 결성, 농한기를 이용해 일본 각지를 돌며 돈벌이를 했다. 소년이 작은 사자탈을 뒤집어쓰고 물구나무서기 등 재주를 부리며 추는 춤이다. 가쿠베라는 이름은 사자탈을 만든 명공名工의 이름이 가쿠베였던 것에서 유래했다고 한다) 춤을 추는 꼬마였다. 이 아이는 언제나 "안녕하세요? 복 많이 받으세요."라며 들어온다. 그리고 집사람으로부터 빵 한 쪽과 동전 한 닢을 얻지 않으면 언제까지나 눌어붙어 있기로 작정하고 있는 아이였다. 그러므로 헥토르가 아무리 짖어 대도 도망가지 않았다. 오히려 헥토르 쪽이 으르렁거리며 꼬리를 가랑이 속에 끼운 채 헛간 쪽으로 도망가기 일쑤였다. 말하자면 헥토르는 겁쟁이였던 것이다. 그리고 품행으로 말할 것 같으면 들개와 거의 구별이 안 될 만큼 타락해 있었다. 그래도 그들에게 공통된, 사람을 따르는 애정만은 어디까지나 잃지 않고 있었다. 가끔 얼굴이 마주치면 그는 꼭 꼬리를 흔들며 나에게 덤벼들었다. 그러고는 온몸을 사정없이 내 몸에 비벼 댔다. 나는 그의 흙투성이 발 때문에 옷이랑 외투를 몇 번이나 더럽혔는지 모른다.

작년 여름부터 가을에 걸쳐 자리에 누운 나는, 한 달쯤이나 헥토르를 보지 못한 채 지냈다. 겨우 자리에서 일어났을 무렵, 나는 비로소 툇마루 끝에 서서 초저녁 땅거미 속에 있는 그의 모습을 보았다. 나는 얼른 그의 이름을 불렀다. 그러나 그는 울타리 밑에 죽은 듯 웅크린 채 아무리 정겹게 불러도 전혀 내 애정에 반응을 보이지 않았다.

그는 목을 들어 보이기는커녕 꼬리조차 흔들지 않았다. 그저 하얀 덩어리마냥 울타리에 붙박여 있을 뿐이었다. 나는 한 달쯤 못 본 사이에 그가 벌써 주인의 목소리를 잊어버렸구나 싶자, 알 수 없는 서글픔을 느끼지 않을 수 없었다.

막 가을로 접어들었기 때문에 아직 방마다 덧문이 걷혀 있어 활짝 열어젖힌 집 안으로 별빛이 쏟아져 들어오는 밤이었다. 내가 서 있는 안방 툇마루에는 나 말고도 집 식구가 두엇 더 있었다. 그렇지만 그네들은 내가 그토록 헥토르의 이름을 부를 때도 이쪽으로 고개 한 번 돌리지 않았다. 내가 헥토르에게 잊혀 버렸듯이 그들 또한 헥토르를 전혀 염두에 두고 있지 않는 것 같았다.

나는 말없이 방 안으로 들어가 그곳에 깔려 있는 이불 위에 누웠다. 병치레 끝이었기 때문에 나는 그때까지 계절에 어울리지 않는 두꺼운 솜옷을 입고 있었다. 나는 그 옷을 벗는 게 귀찮았으므로 그대로 반듯이 누워 두 손을 가만히 가슴 위에 얹은 채 말없이 천장을 바라보았다.

5

이튿날 아침, 서재 툇마루에서 초가을 뜨락을 바라보노라니 또 우연히 헥토르의 하얀 모습이 이끼 위에 보였다. 나는 어젯저녁의 실망을 되풀이하기가 싫어 일부러 그의 이름을 부르지 않았다. 하지만 그냥 선 채 그의 모양을 지켜보았다. 그는 나무 밑둥에 붙박아 놓은 돌 세숫대 속에 목을 처박고 거기에 고여 있는 빗물을 할짝할짝 핥고 있었다.

이 세숫대는 언제 누가 가지고 왔는지 알 수 없는 것으로 갓 이사왔을 때 뒤뜰 한구석에 굴러다니던 것을 정원사에게 부탁하여 지금의 위치로 옮긴 육각형 형태인데, 이미 그 무렵 온통 이끼가 끼어 있어 측면에 새겨진 글씨가 전혀 보이지 않았었다. 하지만 옮기기 전에 분명히 한 번 그것을 읽은 기억이 있었다. 그리고 그 기억은 글자로서 머리에 남은 게 아니고 이상한 감정으로 남아 아직껏 내 가슴속을 오가고 있었다. 거기에는 절과 부처와 무상의 냄새가 감돌았다.

헥토르는 기운 없이 꼬리를 축 늘어뜨리고 내 쪽으로 비칠비칠 등을 돌렸다. 그가 세숫대를 떠났을 때 나는 그의 입에서 흘러내리는 침을 보았다.

"어떻게 해 줘야지 안 되겠어. 병에 걸린 모양이야."

나는 간호사를 돌아다보며 말했다. 나는 그때까지 아직 간호사를 곁에 두고 있었던 것이다.

나는 그 다음날도 속새풀 속에 누워 있는 그를 첫눈에 알아보았다. 그리고 똑같은 말을 간호사에게 되풀이했다. 하지만 헥토르는 그날 이후 모습을 감춘 채 다시는 집으로 돌아오지 않았다.

"병원에 데려가려고 아무리 찾아봐도 없어요."

집사람은 이렇게 말하며 내 기색을 살폈다. 나는 잠자코 있었다. 그러나 속으로는 그를 데려왔을 당시의 일을 하나하나 떠올리고 있었다. 파출소에 신고서를 낼 때 종류라는 칸 밑에 혼혈이라고 쓴 것하며 빛깔이라는 글씨 밑에 누런 점박이라고 쓴 뒤 느꼈던 우스꽝스러움도 어렴풋이 머릿속에 떠올랐다.

그가 사라지고 나서 일주일쯤 지났을까, 조금 떨어져 있는 어느 집에서 하녀가 찾아왔다. 그 집 정원의 연못에 죽은 개가 떠 있어서 건져 올려 목줄 이름표를 살펴보니 우리 집 주소가 적혀 있었기에 알리러 왔다는 것이다. 하녀는 "저희 집 쪽에서 묻어 드릴까요?" 하고 물었다. 나는 즉시 인력거꾼을 보내어 그의 시체를 옮겨 왔다.

나는 일부러 하녀를 보내 알려 준 그 집이 어디쯤에 있는지 몰랐다. 단지 어림으로 내가 어렸을 적부터 기억하고 있는 오래된 절 근처일 거라고만 헤아리고 있었다. 그것은 야마가 소코山鹿素行(1622-1685. 에도 시대의 유명한 유학자이며 병법학자兵法學者)의 묘지가 있는 절로, 절 입구 바로 앞에 구 막부 시대幕府時代의 기념처럼 해묵은 팽나무가 한 그루 서 있는 게, 서재 북쪽 마루에 서면 웅기중기한 지붕들 너머로 곧잘 보이곤 했다.

인력거꾼은 거적에 헥토르의 시체를 말아가지고 돌아왔다. 나는 일부러 가까이 다가가지 않았다. 그 대신 작은 생나무 묘표墓標를 사오게 하여 거기에 〈가을바람도 들리지 않는 곳에 고이 묻어 드리리秋風の聞えぬ土に埋めてやりぬ〉라는 시 한 수를 적었다. 나는 그것을 집사람에게 건네 헥토르가 잠들어 있는 땅 위에 세우도록 했다. 그의 묘는 고양이 묘(〈나는 고양이로소이다〉의 소재가 되었던 초대初代 고양이의 묘)에서 동북쪽으로 약 2미터쯤 떨어진 곳에 있었지만 내 서재의 춥고 응달진 북쪽 툇마루에 나와 유리문 안에서 서리로 황량해진 뒤뜰을 내다보면 어느 것이나 다 잘 보인다. 이미 거무칙칙하게 세월의

이끼가 낀 고양이 묘에 비교한다면 헥토르의 묘는 아직 흙이 채 마르지 않은 상태이다. 그러나 이윽고 그것들은 모두 똑같은 색깔로 퇴락하여, 또 똑같이 사람들의 눈에 뜨이지 않게 되고 말리라.

6

나는 그 여자를 전후 네댓 번 만났다.

처음 찾아왔을 때는 내가 부재중일 때였다. 현관에 나간 하녀가 소개장을 들고 오도록 이르자, 그녀는 따로 그런 것을 받아 올 만한 곳이 없다고 하면서 돌아갔다고 한다.

그후 하루쯤 지나서 여자가 편지로 직접 내 형편을 물어 왔다. 그 편지 겉봉에서 나는 여자가 엎어지면 코 닿을 곳에 살고 있음을 알았다. 나는 곧 답장을 써서 면회 날짜를 지정해 주었다.

여자는 약속 시간에 어김없이 찾아왔다. 떡갈나무 가문家紋(집안이나 씨족을 나타내는 표지로 정해져 있는 문양)이 가슴에 놓인 화려한 빛깔의 예복을 입고 있는 게 제일 먼저 내 눈에 들어왔다. 여자는 내 소설들을 대부분 읽은 것 같았다. 그래서 이야기가 주로 그쪽으로만 이어져 갔다. 하지만 처음 만나는 사람으로부터 자기 작품의 찬사만 듣는 것은 고맙기보다 참으로 겸연쩍은 일이었다. 사실을 말하자면 나는 아주 곤혹스러웠다.

일주일 뒤 여자가 또 찾아왔다. 그리고 또 내 작품을 칭찬해 마지않았다. 하지만 내 마음은 오히려 그런 화제를 피하고 싶었다. 세 번째 찾아왔을 때, 여자는 무엇인가 북받쳐 오르는 일이라도 있는지 품속에서 손수건을 꺼내 쉼없이 눈물을 닦았다. 그러고는 나에게 지금까지 살아온 자기의 슬픈 사연을 글로 써 주지 않겠느냐고 부탁했다. 하지만 그 이야기를 모르는 나는 어떤 대답도 해 줄 수 없었다. 나는 여자를 향해, 만약 쓴다고 한다면 그 일로 해서 입장이 난처해질 사람은 없는지 물어보았다. 여자는 의외로 분명하게, 실명實名만 쓰지 않는다면 상관없다고 대답했다. 그래서 나는 어쨌든 그녀의 살아온 내력을 듣기 위해 따로 시간을 마련했다.

하지만 막상 그날이 되자, 여자는 나를 만나고 싶어 한다는 다른 여자를 데리고 와서 예의 그 이야기는 다음으로 미루고 싶다고 했다. 나는 처음부터 그녀의 위약違約을 나무랄 마음이 없었다. 그래서 두 사람을 상대로 세상 돌아가는 이야기를 한 뒤 헤어졌다.

그녀가 마지막으로 내 서재에 앉은 것은 그 다음날 밤이었다. 그녀는 앞에 놓인 작은 화로를 부젓가락으로 쿡쿡 쑤셔 가며 기구한 자기 신세를 털어놓기 전, 잠자코 있는 나에게 이렇게 말했다.

"지난번에는 그만 흥분한 나머지 제 이야기를 써 달라고 말씀드렸지만 그건 그만두기로 하겠습니다. 그냥 선생님께서 들어 주시는 걸로 족하니까 부디 그렇게 아시고……."

그 말에 대해 나는 이렇게 대답했다.

"당신 허락이 없는 한은 가령 아무리 쓰고 싶은 이야깃거리가 나온다고 해도 결코 쓰지 않을 테니까 안심하십시오."

내가 단단히 보증을 했기 때문인지, 여자는 그제서야 그럼, 하고 입을 떼더니 7, 8년 전부터 지내온 자기의 기구한 인생을 이야기하기 시작했다. 나는 묵묵히 여자의 얼굴을 지켜보았다. 여자는 거의 눈을 아래로 내리깐 채 화로만 바라보았다. 그러고는 예쁜 손으로 부젓가락을 꼭 쥐고 계속 재 속을 쑤셔 댔다.

가끔 납득이 안 가는 데가 나오면 나는 여자에게 짧은 질문을 던졌다. 여자 역시 간단하게 내가 납득할 수 있도록 대답을 해 주었다. 그러나 대개는 자기 혼자서 말하고 있었기 때문에, 나는 오히려 목석처럼 가만히 앉아 있을 뿐이었다.

이윽고 여자의 볼이 불그레 달아올랐다. 분을 바르지 않은 탓인지 그 달아오른 볼이 금방 내 눈에 들어왔다. 게다가 고개를 숙이고 있었기 때문에 삼단같이 검은 여자의 머리도 자연히 내 눈길을 끌었다.

7

 여자의 고백은, 듣고 있는 내가 질식할 만큼 비통하기 그지없었다. 그녀는 나에게 이런 질문을 던졌다.
 "만약 선생님이 소설을 쓰신다고 한다면 그 여자의 마지막을 어떻게 처리하시겠습니까?"
 나는 대답에 궁했다.
 "여자가 죽는 게 좋다고 생각하십니까? 아니면 그래도 살아가도록 쓰시겠습니까?"
 나는 어느 쪽이든 쓸 수 있다고 대답한 뒤 슬그머니 여자의 안색을 살폈다. 여자의 표정이 더 확실한 말을 듣고 싶어 하고 있었다. 나는 할 수 없이 이렇게 대답했다.
 "산다는 것을 인간의 중심점으로 생각한다면 그냥 그대로 두어도 상관없겠지요. 하지만 아름다움이나 격 같은 걸 으뜸에 놓고 인간을 평가한다면 문제가 달라질 수도 있겠지요."
 "선생님은 어느 쪽을 택하시겠습니까?"
 나는 또 주저했다. 잠자코 여자가 하는 말을 듣고 있을 수

밖에 별 도리가 없었다.

"저는 지금 제가 지니고 있는 이 아름다운 마음이 세월이라는 것 때문에 점점 바래 가는 게 두려워 견딜 수가 없습니다. 이 기억이 다 사라져 버리고 그냥 멍하니 혼이 빠진 채 살아갈 미래를 상상하면, 그게 너무 고통스럽고 무서워서 숨이 막힐 지경이에요."

나는 여자가 지금 넓은 세상에 홀로 서서 한 치도 움직일 수 없는 위치에 있다는 것을 알고 있었다. 그리고 그것이 내 힘으로는 도저히 어떻게 할 수 없을 만큼 처절한 처지라는 것도 잘 알고 있었다. 나는 이 절망의 끝에 서 있는 사람의 고통을 그냥 방관할 수밖에 없는 입장에 처해 꼼짝도 할 수 없었다.

나는 약 먹을 시간을 재기 위해 손님 앞에서도 거리낌없이 회중시계를 방석 옆에 놓아 두는 버릇이 있었다.

"벌써 열한 시니까 그만 돌아가시지요."

나는 여자에게 말했다. 의외로 여자는 흔연한 얼굴로 일어섰다. 나는 또, "밤도 이슥하고 하니 바래다 드리지요." 하며 여자랑 댓돌 밑을 내려섰다.

그때 눈부시도록 아름다운 달이 고요한 밤을 온통 핥듯이 비추고 있었다. 행길에 나가자 거리에는 멀리서 울리는 게다 소리조차 하나 없이 쥐죽은 듯 조용했다. 나는 모자도 안 쓴 맨머리에 팔짱을 낀 채 여자의 뒤를 따라 걸음을 옮겼다. 길모퉁이 쪽에 이르자 여자가 가벼운 목례를 하며 "선생님께 배웅을 받다니 너무 과분합니다."라고 말했다. "과분할 게 뭐 있습니까. 똑같은 인간인 것을", 내가 대답했다.

다음 길모퉁이에서 여자는 또 "선생님께 배웅을 받다니 영광입니다." 하고 말했다. 나는 진지하게 "정말 영광이라고 생각하십니까?"라고 물었다. 여자가 간단히, 그러나 또렷하게 "그렇습니다."라고 대답했다. 나는 말에 힘을 주었다.

"그렇다면 죽지 말고 살아 주십시오."

여자가 이 말을 어떻게 해석했는지는 모른다. 나는 그러고 나서 백 미터쯤 더 갔다가 다시 집 쪽으로 되돌아왔다.

숨이 막히도록 괴로운 이야기를 들었음에도 불구하고, 그날 밤 나는 오히려 오래간만에 인간다운 흐뭇한 마음을 맛보았다. 그리고 그것이 향기 높은 문학 작품을 읽고 났을 때 느끼는 기분과 똑같다는 것을 깨달았다. 유락좌有樂座나 제국극장帝國劇場에 가서 의기양양해하던 자신의 옛 그림자가 어쩐지 한심하게 여겨졌다.

8

 불유쾌함으로 가득 찬 인생을 터벅터벅 걷고 있는 나는 자신이 언젠가 반드시 도착하지 않으면 안 되는 죽음이라는 경지에 대해서 항상 생각하고 있다. 그리고 그 죽음이라는 것을 삶보다는 더 편한 것이라고 믿고 있다. 어느 때는 그것을 인간으로서 도달할 수 있는 가장 지고至高한 상태라고 여길 때조차 있다.
 "죽음은 삶보다 고귀하다."
 이러한 말이 요즘 끊임없이 내 마음속을 오가게 되었다.
 하지만 현재의 나는 보다시피 이렇게 살아 있다. 내 부모, 내 조부모, 내 증조부모, 그리고 차례차례 거슬러 올라가면

백 년 이백 년 내지 천 년 만 년 사이에 길들여진 습관을 내 한 대代에서 해탈할 수가 없기 때문에 나는 여전히 삶에 집착하고 있는 것이다.

그러므로 내가 남들에게 해 줄 수 있는 조언이란 아무래도 이 삶이 허락하는 범위 안에서 이루어져야 한다는 생각이 든다. 어떻게 살아가야 할까를 생각하는 좁은 영역 안에서만 나는 인류의 한 사람으로서 인류의 또 다른 한 사람과 마주하지 않으면 안 된다고 생각한다. 이미 삶 속에서 활동하고 있는 자신을 인정하고 또 그 삶 속에서 호흡하고 있는 타인을 인정하는 이상, 서로의 근본 도리는 아무리 괴롭고 아무리 추하더라도 이 삶 위에 놓여 있다고 보는 것이 당연할 테니까.

"만약 살아 있는 게 고통이라면 죽는 게 더 좋겠지요."

이런 말은 아무리 하찮게 세상을 보는 사람이라고 해도 그렇게 쉬이 입 밖에 낼 수는 없으리라. 의사들은 잠자듯 저 세상으로 가려는 환자에게 일부러 주사를 놓아 환자의 고통을 일각이라도 연장할 궁리를 하고 있다. 이러한 고문에 가까운 행동이 인간의 덕의德義로서 용서되는 것만 보아도 우리가 얼마나 끈질기게 삶이라는 한마디에 집착하고 있는가를 알 수 있다. 나는 결국 그 사람에게 죽음을 권할 수가 없었다.

그 사람은 도저히 회복될 가망이 없을 만큼 깊디깊은 상처를 마음속에 지니고 있었다. 동시에 그 상처는 여느 사람이 결코 경험할 수 없는 아름다운 추억으로 뿌리내려 그 사람의 얼굴을 빛내 주고 있었다.

그녀는 그 아름다운 추억을 보석처럼 소중히, 그리고 영원히 자기 마음속에 간직하고 싶어 했다. 하지만 불행하게도 그 아름다운 추억은 그녀를 죽음 이상으로 괴롭히는 처절한 상처 바로 그것이었다. 상반된 이 둘은 마치 종이의 안팎처럼 떨어지려야 떨어질 수 없는 것이기도 했다.

나는 그녀를 향해 모든 것을 치유해 주는 〈세월〉의 흐름을 좇아가라고 했다. 그녀는 만일 그렇게 한다면 이 소중한 기억은 점점 바래 갈 것이라고 탄식했다.

공평한 〈세월〉은 소중한 보물을 그녀에게서 빼앗는 대신, 그 상처 또한 차츰 치유해 줄 것이다. 격렬한 삶의 환희를 꿈처럼 희미하게 만들어 버리는 한편 지금의 환희에 따르는 생생한 고통을 잊게 해 줄 수단 또한 게을리하지 않을 것이다.

나는 깊은 연애에 뿌리박힌 열렬한 기억을 도려내서라도 그녀의 생채기에서 뚝뚝 방울져 흐르는 핏방울을 〈세월〉로 훔쳐 주려고 했다. 아무리 평범해도 사는 쪽이 죽는 쪽보다는 내가 본 그녀에게 적당했기 때문이다.

하여튼 평소 죽음이 삶보다도 고귀하다고 믿고 있던 나의 희망과 조언은, 결국 이 불유쾌로 가득 찬 삶이라는 것을 빠져나갈 수 없었다. 게다가 나에게는 그것이 실제 실행에 있어서 스스로 자신을 범용한 자연주의자로 증거케 한 것처럼 여겨지기까지 했다. 나는 지금도 반신반의하는 눈으로 물끄러미 자신의 마음을 바라보고 있다.

9

고등학교에 다닐 무렵, 비교적 친하게 지냈던 친구 중에 O(오다 다츠진太田達人. 오다 다츠도라고도 한다. 이와테岩手 현 출신으로 제1고등중학교를 거쳐 도쿄제국대학 물리학과를 졸업했다)라는 사람이 있었다. 그때도 그다지 친구가 많지 않았던 나는, 자연히 O와 자주 오가는 사이가 되었다. 나는 대체로 일주일에 한 번꼴로 그를 찾아갔다. 어느 해 여름방학에는 하루도 빠짐없이 마사고초에 하숙하고 있는 그를 끌어내어 오카와 수영장까지 가기도 했었다.

O는 동북 사람이었기 때문에 나와는 달리 말투가 둔하고 느린 데가 있었다. 그리고 그 말투는 실로 그의 성격을 잘 드러내 주는 것이기도 했다. 그와 여러 번 논쟁을 벌인 적이 있었는데, 한 번도 그가 화를 내거나 흥분하는 것을 본 적이 없다. 이 하나만으로도 나는 그를 존경하고도 남을 대인大人으로 인정하고 있었다.

성품이 대범한 것처럼 그는 생각 또한 나보다 훨씬 깊었다. 그는 항상 당시의 나로서는 미처 생각지도 못하는 문제를 혼자서 생각하고 있었다. 그는 처음부터 이과理科에 들어가기로 목표를 굳혔으면서도 즐겨 철학 서적 같은 것에 파묻혀 지냈다. 언젠가 그에게서 스펜서의 〈제1원리第一原理〉라는 책을 빌린 것을 나는 아직도 잊지 않고 있다.

하늘이 맑게 갠 가을날이면 우리는 곧잘 발길 닿는 대로 걸으며 이런저런 이야기를 나누었다. 그럴 때면 길가 담 너머로 팔을 뻗친 나뭇가지에서 노랗게 물든 작은 나뭇잎이 바람도 없는데 팔랑팔랑 떨어져 내리는 광경을 자주 보곤 했다. 그게 우연히 그의 눈에 스쳤을 때 그가 갑자기, "앗, 알았다!" 하고 낮게 부르짖은 적이 있었다. 그저 노란 낙엽이 허공에 떨어지는 게 아름답다고만 보고 있던 나에게는 그의 말이 마치 무슨 풀 수 없는 비밀 암호마냥 괴이쩍게 울릴 뿐이었다. "깨달음이란 참 묘한 거야", 잠시 후 그가 평소의 느긋한 말투로 혼잣말처럼 중얼거렸을 때에도 나는 아무 응답을 하지 못했다.

그는 가난한 학생이었다. 절 근처에 방을 빌려 자취하고 있었을 무렵에는 곧잘 마른 멸치뿐인 초라한 식탁에 나를 불러앉혔다. 어느 때는 콩고물을 묻힌 찰떡 대신 볶은 콩가루만을 사와 물을 벌컥벌컥 들이켜 가며 한입에 털어 넣기도 했다.

대학을 졸업하고 얼마 안 있어 그는 지방의 어느 중학교 선생으로 부임해 갔다. 나는 그를 위해서 그것을 매우 유감스러워했다. 하지만 그를 잘 모르는 대학 교수에게는 그 편이 오히려 당연한 걸로 여겨졌는지도 모르겠다. 그 자신은 물론 태연했다. 그리고 몇 년 뒤, 분명 3년 계약인가로 기억하지만, 지나支那에 있는 어떤 학교의 교사로 부임해 갔다가 임기를 마치고 돌아와서 곧 내지內地(식민지가 아닌 본토. 본국) 중학교의 교장이 되었다. 그것도 아키다秋田에서 요코테橫手로 옮기더니 지금은 사할린에서 교장으로 있는 것이다.

작년에 잠깐 상경했을 때 오래간만에 나를 찾아와 주었는데, 그때 현관에 나갔던 하녀로부터 명함을 받아든 나는 그 걸음으로 객실로 가서 늘 하듯이 손님보다 먼저 자리에 앉아 있었다. 그러자 복도를 지나 방 앞까지 온 그는 방석 위에 단정하게 앉아 있는 나를 보자마자 대뜸, "야, 되게 점잔빼는구나."라고 말했다.

그러자 상대방의 말이 미처 끝나기도 전에 "응"이라는 대답이 저절로 내 입에서 흘러나오고 말았다. 어째서 내 험담을 스스로 긍정하는 이와 같은 대답이 이렇게 자연스레, 이렇게 쉽게, 이렇게 걸림없이 내 목에서 술술 흘러나오는 것일까. 나는 그때 투명하도록 맑은 마음을 느꼈다.

10

 마주앉은 O와 나는 무엇보다도 먼저 서로의 얼굴을 바라보며 아직도 거기에 옛날 그대로의 모습이 그리운 꿈처럼 남아 있음을 확인했다. 그러나 그것은 옛 마음이 새 기분 속에 몽롱히 수놓인 것과 같은 것으로서, 전부가 온통 뿌옇게 흐려져 있었다. 무서운 〈세월〉의 위력에 저항해서 다시 본디 모습으로 돌아간다는 것은 이미 우리 둘에게 불가능했다. 헤어지고 나서 지금 다시 만날 때까지, 우리는 그 사이에 끼어 있는 과거라는 불가사의한 것을 되돌아보지 않을 수 없었다.

 옛날의 O는 사과처럼 빨간 볼에 유달리 큰 둥근 눈, 그리고 여자에게 어울림직한 통통한 얼굴의 소유자였다. 지금 보아도 역시 빨간 볼과 둥근 눈, 통통한 얼굴임에는 변함없지만 그게 어딘지 옛날과는 달라 보였다.

 나는 그에게 내 콧수염과 귀밑 털을 보였다. 그는 또 나를 위해서 자신의 머리를 쓸어 보였다. 내 쪽은 하얗게 되어 있고 그쪽은 엷게 벗겨져 있었다.

"인간도 사할린까지 가면 뭐 볼장 다 본 거 아냐.", 내가 놀리자, 그는 "글쎄, 그렇다고 봐야겠지."라며 내가 아직 한 번도 가본 적이 없는 사할린 이야기를 이것저것 들려주었다. 하지만 나는 그 이야기들을 다 잊어버렸다. 다만 여름은 매우 지내기 좋은 곳이라는 말만은 기억하고 있다.

나는 실로 몇 년 만에 그와 함께 거리로 나갔다. 그는 프록 위에 돈비(메이지 중기부터 입기 시작한, 소매 없는 망토 형의 남자용 외투)를 헐렁하게 걸치고 있었다. 그리고 전차 안에서 손잡이에 매달려 가며 호주머니에서 손수건에 싼 것을 꺼내 나에게 보였다. "뭐야?"라고 내가 묻자, 그는 "밤과자" 하며 웃었다. 밤과자는 조금 전 그가 우리 집에 왔을 때 내놓은 과자였다. 그가 어느 틈에 그것을 손수건에 쌌을까 생각하니 나는 좀 놀라지 않을 수 없었다.

"그 밤과자를 싸왔단 말야?"

"그럴지도 모르지."

그는 놀라는 내 모습을 놀리는 투로 이렇게 말하더니 다시 그것을 호주머니 속에 집어넣었다.

우리는 그날 밤 제국극장에 갔다. 내가 산 표 두 장에 북쪽 입구에서 들어가라는 주의사항이 적혀 있던 것을 잘못 알고 남쪽으로 돌아가려고 하자, 그는 "그쪽이 아니야." 하며 나를 일깨웠다. 나는 잠깐 멈추어 서서 생각한 뒤 "과연 방향은 사할린 쪽이 확실한 것 같군." 하면서 다시 지정된 입구 쪽으로 되돌아갔다.

그는 처음부터 제국극장(일본 최초의 순서양식 극장으로 당시 이 극장에는 서양식 식당까지 딸려 있어 관극 외에 맞선 장소로도 많이 이용되었다)을 알고 있었다고 했다. 그러나 저녁을 끝내고 다시 자리로 돌아가려고 했을 때는 누구나 흔히 그렇듯 이층과 일층 도어를 혼동하여 나에게 놀림을 받았다.

틈틈이 주머니에서 금테 안경을 꺼내 손에 든 인쇄물을 읽고 있던 그는 그 안경을 그대로 쓴 채 멀리 있는 무대를 태연히 바라보고 있었다.

"그거 돋보기 아냐? 그걸로 먼 데를 잘도 보는군."
"어차피 차부도야."

나는 이 차부도가 무슨 뜻인지 전혀 알 수 없었다. 그는 그것을 별 차이가 없다고 할 때 쓰는 지나 말이라고 설명해 주었다.

그날 밤 돌아오는 전차 속에서 나와 헤어지던 길로 그는 또 멀고 추운 일본 땅 북쪽 끄트머리로 사라져 버렸다.

나는 그를 떠올릴 때마다 다츠진達人이라는 그의 이름을 생각한다. 그러면 그 이름이 특히 그를 위해서 하늘이 내려 준 이름 같은 느낌이 든다. 그러고는 그 다츠진이 눈과 얼음으로 뒤덮인 저 북쪽 끝에서 아직도 중학교 교장을 하고 있겠거니, 하고 생각에 잠긴다.

11

어느 부인이 한 여자를 내게 소개했다.

"뭔가 쓴 걸 좀 보이고 싶다는군요."

나는 부인의 이 말을 듣고 머릿속으로 여러 가지를 생각하지 않을 수 없었다. 지금까지 우리 집으로 자기가 쓴 것을 한 번 읽어 달라고 찾아오는 사람은 퍽 많았다. 그러한 글 중에는 원고지 두께가 4, 5센티미터나 되는 상당한 분량의 것도 섞여 있었다. 그것을 나는 시간이 닿는 한 될 수 있는 대로 다 읽었다. 단순한 나는, 그저 이렇게 읽기만 하면 부탁받은 내 의무를 전부 완수하게 되는 거라 믿고 만족하곤 했다. 하지만 상대방은 꼭 나중에 신문에 내 달라는 둥 잡지에 실어 달라는 둥 졸라 대기 일쑤였다. 개중에는 남에게 읽히는 것은 단지 수단으로, 원고를 돈으로 바꾸는 게 진짜 목적인 듯 여겨지는 사람도 적지 않았다. 나는 알지도 못하는 사람이 쓴, 읽어 내기조차 힘든 원고를 호의적으로 읽는 게 점점 싫어졌다.

지금의 나는 교편을 잡고 있던 시절과 비교한다면 시간에 다소 탄력성이 생긴 것에는 틀림없다. 그렇기는 하지만 일단 자기 일에 매달리게 되면 언제나 마음속은 더없이 바빴다. 일껏 친절하게 봐주겠다고 약속한 원고조차 좀체 읽을 틈이 나지 않는 경우도 있었다.

나는 내 생각들을 솔직하게 부인에게 털어놓았다. 부인은 내가 하는 말뜻을 알아듣고 돌아갔다. 약속한 여자가 내 방으로 들어와 방석 위에 앉은 것은 그로부터 며칠 뒤였다. 스

산한 비가 금방이라도 쏟아부어질 것 같은 어두운 하늘을 유리문 너머로 바라보며, 나는 여자에게 이런 이야기를 했다.

"이건 사교가 아닙니다. 서로 귀치레만 늘어놓아서는 아무리 시간이 지나도 발전될 리 없고 이로움 또한 얻을 수 없습니다. 당신은 당신 자신한테 과감할 만큼 정직해지지 않으면 안 됩니다. 자신만 충분히 열어 보인다면, 지금 당신이 어디에 서서 어디를 향하고 있는지, 그 실제 모습이 저한테 잘 보일 겁니다. 그때 비로소 저는 당신을 지도할 수 있는 자격을 당신한테서 부여받는다고 해도 좋겠지요. 그러니까 제가 뭔가 말했을 때 대답할 게 있으면 속으로 감춘다거나 잠자코 있어서는 절대 안 됩니다. 이런 걸 말하면 웃음을 사지나 않을까, 창피를 당하지나 않을까, 또는 실례라고 화를 내지나 않을까 등등을 신경 쓴 나머지 상대방한테 자기라는 정체를 꺼멓게 칠해서 보일 궁리만 한다면 아무리 제가 당신한테 이로움을 주려고 애를 써도 제가 쏘는 화살은 번번이 빗나가 버리고 말 뿐입니다.

이건 제가 당신한테 한 주문이었습니다만, 그 대신 제 쪽에서도 이 나라는 걸 숨기지 않을 작정입니다. 있는 그대로를 속속들이 드러내는 것밖에 당신을 가르칠 길이 없으니까요. 그러니까 제 생각 어디엔가 틈이 있어서 그 틈을 만약 당신한테 간파당한다면, 저는 당신한테 제 약점을 잡혔다는 의미에서 패배라는 결과에 빠집니다. 가르침을 받는 사람만이 자기를 개방할 의무가 있다고 생각한다면 그건 잘못입니다. 가르치는 사람도 자기를 상대방 앞에 드러내 보이는 것입니다. 양쪽 모두 사교를 떠나서 마음을 열고 만나지 않으면 안 됩니다.

그런 까닭으로 저는 지금부터 당신이 쓴 걸 읽을 적에 상당히 가혹한 비평을 서슴없이 할지도 모릅니다. 그렇지만 화를 내서는 안 됩니다. 당신의 감정을 해치기 위해서 하는 말이 아니니까요. 그 대신 당신 쪽에서도 납득할 수 없는 데가 있으면 끝까지 추궁해 주십시오. 당신이 제 뜻을 이해하고 있는 이상, 결코 저는 화내지 않을 테니까요.

요컨대 이건 단지 현상 유지를 목적으로, 수박 겉핥기식의 원만함을 위주로 하는 사교와는 전혀 다르다는 것입니다. 아시겠습니까?"

여자가 고개를 끄덕이며 돌아갔다.

12

 나에게 단자쿠短冊(단가短歌나 하이쿠俳句를 적는 조붓하고 두꺼운 종이)를 써 달라는 둥 한시漢詩를 써 달라는 둥 졸라 대는 사람들이 있다. 그러고는 미처 내가 승낙도 하기 전에 멋대로 단자쿠며 비단 천 같은 것을 보내온다. 처음 한동안은 일껏 부탁하는 것을 무시하기도 뭣해서 치졸한 글씨인 줄 알면서도 상대가 이르는 대로 어쨌든 무엇인가를 썼었다. 하지만 이런 호의란 본디 오래 지속하기 어려운 성질이므로 점점 사람들의 부탁에 응할 수 없게끔 되어 갔다.

 나는 인간이란 모두 날마다 창피를 당하기 위해 태어났다고까지 생각한 적도 있는 터여서 이상한 글씨를 남에게 써 보내는 것쯤이야 까짓 마음만 먹으면 못할 리도 없다. 하지만 몸이 아플 때라든지 바쁠 때, 또는 그런 흉내를 내기 싫을 때 그런 주문이 연달아 들어오면 실로 아주 난처해진다. 그들의 대부분이 전혀 내가 모르는 사람들인 것은 둘째치고, 그런 자기네가 보낸 단자쿠를 다시 돌려보내야 하는 이쪽의 번거로움조차 마치 안중에 없는 것처럼 보이니까 말이다.

그중에서도 나를 제일 불유쾌하게 만든 이는 반슈播州의 사고시坂越(당시의 효고현兵庫縣 아코군赤穗郡의 사고시무라坂越村)에 산다는 이와사키라는 사람이었다. 이 사람은 몇 년 전 자주 엽서로 하이쿠俳句(5·7·5의 3구句 17음音으로 이루어지는 일본 특유의 단형시短形詩. 반드시 계절을 나타내는 말을 넣어서 짓는다)를 써 달라고 부탁을 해 오곤 해서 그때마다 그쪽이 말하는 대로 써 보낸 기억이 있는 남자다. 그 후의 일인데, 그가 어느 날 네모진 얄팍한 소포를 내게 보내왔다. 나는 그것을 끌러 보기조차 귀찮아서 그냥 서재에 팽개쳐 두었다. 그랬더니 하녀가 청소를 하면서 그만 책더미 속에 끼워 넣는 바람에 우선 소포 자체를 깨끗이 잃어버리는 꼴이 되고 말았다.

이 소포와 전후하여 나고야에서 내 앞으로 차 꾸러미가 부쳐져 왔다. 하지만 나는 누가 왜 보낸 것인지 그 뜻을 전혀 알지 못한 채 사양 않고 그 차를 전부 마셔 버렸다. 그러자 얼마 안 있어 사고시의 남자에게서 후지 등산富士登山 그림을 돌려 달라는 연락이 왔다. 그에게서 그런 것을 받은 기억이 없는 나는 그냥 내버려 두었다. 하지만 그는 후지 등산 그림을 돌려 달라고 거듭 채근을 해 오는 것이었다. 나는 마침내 이 남자의 정신 상태를 의심하기 시작했다. "아마 좀 돌았나 보다", 나는 속으로 이렇게 단정한 채 상대방의 재촉에는 일체 상대하지 않기로 했다.

그 후 두어 달이 지났다. 분명 초여름 무렵이라고 기억하는데, 나는 너무 어지럽게 흐트러져 있는 서재에 앉아 있기가 갑갑해져서 혼자 이것저것 정리하기 시작했다. 그때 책 정리를 하기 위해 멋대로 쌓여 있는 사전이며 참고서를 한 권씩 정리해 가노라니 뜻밖에도 사고시의 남자가 보낸 예의 그 소포가 나왔다. 나는 까마득하게 잊어버리고 있던 것을 눈앞에서 보자 그만 놀라지 않을 수 없었다. 얼른 끈을 풀어 속을 살펴보니 작게 접힌 그림이 한 장 들어 있었다. 그게 후지 등산 그림이었기 때문에 나는 또 한 번 놀라지 않을 수 없었다.

소포 속에는 그림 외에 편지가 한 통 들어 있었는데 거기에는 이 그림을 찬贊하는 하이쿠를 한 수 써 달라는 의뢰와 함께 답례로 차를 보낸다는 구절이 쓰여 있었다.

나는 거듭 놀랐다.

그러나 그때의 나는 도저히 후지 등산 그림에 찬을 쓸 용기가 없었다. 내 기분이 그런 것과는 동떨어져 있었으므로 그 그림에 어울림직한 하이쿠를 생각할 여유가 없었기 때문이다. 하지만 나는 미안하기 그지없었다. 나는 당장 정중한 편지를 써서 자신의 태만을 사죄했다. 그리고 차에 대한 고마움을 전하면서 후지 등산 그림을 소포로 돌려보냈다.

13

이것으로 일단락이 지어졌다고 여긴 나는, 그 길로 예의 사고시 남자를 염두에 두지 않았다. 그러자 이 남자가 또 단자쿠를 보내왔다. 그리고 이번에는 의사義士(아코의사赤穗義士의 준말. 에도 시대 중기, 주군主君의 원수를 갚고 할복자살한 아코 한赤穗 藩의 오이시 요시오大石良雄 이하 47명의 무사를 일컫는다. 흔히 추신쿠라忠臣藏로 알려져 있다)와 관계 있는 구句를 써 달라는 것이었다. 나는 시간이 나면 써 주겠다고 했다. 그러나 좀체 쓸 기회가 없었기 때문에 결국 그냥 지나치고 말았다. 하지만 집요한 이 남자는 결코 이대로 물러서지 않기로 작정한 듯 막무가내로 재촉하기 시작했다. 그 재촉은 일주일에 한 번 아니면 이 주일에 한 번 꼴로 어김없이 왔다. 그게 반드시 엽서인데다가 그 첫머리가 또 꼭 판에 박은 듯 "삼가 실례를 무릅쓰고 아뢰옵니다만"으로 시작되고 있었다. 나는 갈수록 그 사람의 엽서를 보는 게 불쾌해졌다.

아울러 그쪽의 독촉도 여태껏 내가 예상하지 못했던 이상한 특색을 띠어 가기 시작했다. 처음에는 차를 보내지 않았느냐는 말이 보였다. 내가 그 말에 상대를 하지 않자 이번에는 그 차를 돌려 달라는 글귀로 바뀌었다. 나는 돌려주는 것은 어렵지 않지만 그 절차가 번거로우니까 도쿄까지 가지러 온다면 돌려주겠노라고 말해 주고 싶었다. 하지만 사고시 남자에게 그런 편지를 보낸다는 것은 자신의 품격에 관계되는 일 같아서 차마 그렇게는 할 수 없었다. 답장을 못 받은 그는 더욱 기승을 부렸다. 차를 못 돌려주겠다면 그건 그만두고 그 대신 찻값으로 일 엔을 보내라는 것이었다. 내 감정은 이 남자에 대해 점점 거칠어져 갔다. 그리고 마침내는 끝내 자신을 가눌 수 없게 되었다. 그래서 차는 마셔 버렸다, 단자쿠는 잃어버렸다, 앞으로 엽서 따위는 일체 보내지 마라, 라고 써 보내고 말았다. 그러고는 마음속으로 몹시 쓰디쓴 기분을 맛보았다. 이런 비신사적인 편지를 보내지 않으면 안 되게끔 나를 몰아간 게 바로 이 사고시 남자라고 생각했기 때문이다. 또 이런 남자로 하여 품격이었든 인격이었든 하여튼 얼마의 실추를 견뎌 내야만 한다는 게 생각할수록 한심했기 때문이다.

그러나 사고시 남자는 태연했다. 차는 마셔 버리고 단자쿠는 잃어버리셨다니 너무 지나친 말씀을…… 하며 또 엽서가 날아왔다. 그리고 그 첫머리에는 여전히, 삼가 실례를 무릅쓰고 아뢰옵니다만이라는 글귀가 규칙적으로 적혀 있었다.

그때 나는 두 번 다시 이 남자를 상대하지 않으리라고 결심했다. 하지만 나의 이 결심은 그에게 어떤 효과도 주지 못했다. 그는 변함없이 재촉을 그치지 않았다. 그리고 이번에는, 다시 한 번 써 주시겠다면 차를 또 보낼까 하는데 어떠냐고 물어왔다. 또 어처구니없게도, 의사義士에 관한 것이니까

시를 짓기에는 안성맞춤이 아니겠느냐고도 덧붙였다.

그 후 얼마간 엽서가 뜸해졌다 싶었더니, 이번에는 그게 봉함으로 바뀌었다. 더욱이 그 봉투는 구청 같은 데서나 쓰는 싸구려 쥐색 봉투였는데, 그는 거기에 일부러 우표를 붙이지 않았다. 그 대신 겉봉에도 자기 이름과 주소를 쓰지 않았다. 나는 그 때문에 배나 되는 우표값을 두 번쯤 물어야 했다. 나중에는 결국 집배원에게 그의 이름과 주소를 가르쳐 주고 봉투째 그쪽으로 반송시켜 버렸다. 그는 그것으로 6전인가 돈을 문 탓인지 겨우 재촉을 단념하는 것 같았다.

그런데 두 달쯤 지나 해가 바뀌자, 그에게서 보통의 연하장이 날아왔다. 그것이 나를 약간 감복시켰기 때문에 나는 그만 단자쿠에 시를 써서 보낼 마음이 생겼다. 그러나 그 선물은 그를 만족시키지 못했다. 그는 단자쿠가 접혔다는 둥 더러워졌다는 둥 하며 끊임없이 다시 써 줄 것을 요구해 왔다. 실제로 올 정월에도 "삼가 실례를 무릅쓰고 아뢰옵니다만……"이라는 의뢰장이 7, 8일경에 왔었다.

내가 이런 사람을 만난 것은 태어나서 처음이다.

14

 요 며칠 전, 옛날 우리 집에 도둑이 들어왔을 때의 이야기를 비교적 자세하게 들었다.

 두 누나가 아직 시집가기 전의 일이라고 하니까 연대로 치면 아마 내가 태어나기 전후쯤 될 것 같다. 여하튼 긴노勤王(천황을 위하여 진력하고 충성을 다한다는 뜻)라든지 사바쿠佐幕(막부 말기 근왕 사상에 반대, 막부를 편들거나 도운 파)라는 거친 말이 유행하던 시끄럽던 시절이었다.

 어느 날 밤, 큰누나가 밤중에 볼일을 보러 일어난 후 손을 씻으려 쪽문을 열자, 좁은 안뜰 한구석에 벽을 밀어붙일 것 같은 기세로 서 있던 해묵은 매화나무 밑둥이 갑자기 확 하고 훤해 보였다. 누나는 미처 생각할 겨를도 없이 얼른 쪽문을 닫았는데, 닫고 나서야 방금 눈앞에서 본 이상한 불빛을 그 자리에 선 채 생각해 보았다는 것이다.

 어린 내 마음에 비친 이 누나의 얼굴은 지금이라도 떠올리려고만 하면 금방 눈앞에 나타날 만큼 또렷하다. 그러나 그

환상은 이미 시집가서 머리를 쪽졌을 적의 모습이므로, 그때 툇마루에 서서 생각에 잠겨 있던 방년의 그녀를 지금 마음속으로 그려 본다는 것은 아무래도 좀 곤란하다.

넓은 이마, 가무잡잡한 피부, 작지만 오뚝한 코, 유달리 크고 쌍꺼풀진 눈, 그리고 오사와('오'는 중세 이후, 주로 여자 이름에 붙여 존경, 친근의 뜻을 나타낸 말. 원문에 충실하고자 이 작품에 등장하는 여자 이름은 전부 이대로 번역함)라는 고운 이름…… 나는 그저 이런 것들을 종합해서 그때 툇마루에 서 있던 누나의 모습을 상상해 볼 뿐이다.

한참 서서 생각에 잠겨 있던 누나의 머릿속에 문득, 혹시 불이 난 게 아닐까, 하는 걱정이 일어났다. 그래서 작심하고 다시 쪽문을 열어 밖을 살피려고 하는 순간, 예리하게 번뜩이는 한 줄기 칼날이 어둠 속에서 사각 쪽문 안으로 쓰윽 들어왔다. 누나는 깜짝 놀라 뒤로 주춤 물러났다. 그 틈에 복면을 하고 간도 등불(앞만 비추고 자기 쪽을 비추지 않게 되어 있는 등)을 든 남자들이 칼을 빼어 든 채 우르르 집 안으로 들어왔다고 한다. 도둑의 무리는 분명 여덟 명인가로 들었다.

그들은, 사람을 해치려고 들어온 게 아니니까 얌전히 있기만 한다면 집안 사람들을 해치지 않겠다, 그 대신 군자금을 내놓아라, 하며 아버지를 윽박질렀다. 아버지는 없다고 거절했다. 하지만 도둑은 좀체 곧이듣지 않았다. 방금 길모퉁이에 있는 고쿠라야라는 술집에서 다 알아가지고 왔으니까 숨겨도 소용없다며 꿈쩍도 하지 않았다. 마침내 아버지가 마지못해 금화 몇 닢을 내놓았다. 그들은 금액이 너무 적다고 생각했는지 좀체 돌아갈 기색을 보이지 않았다. 그러자 그때까지 이불 속에서 자는 척하고 있던 어머니가 "당신 지갑 속에 있는 것도 전부 드리세요."라고 충고했다. 그 지갑 속에는 쉰 냥쯤 들어 있었다는 것이다. 도둑들이 가 버린 뒤 아버지는 "여편네가 쓸데없이 입을 놀려서" 하며 어머니를 몹시 꾸짖었다고 한다.

그 일이 있고 난 뒤 우리 집에서는 기둥을 교묘하게 짜 맞추어 그 속에 돈을 숨기는 방법을 고안해 냈지만 숨길 만한 재산도 벌지 못했고 또 복면을 쓴 도둑도 그 후로는 다시 오지 않았기 때문에 내가 자랄 무렵에는 어느 것이 돈을 숨기려던 기둥인지 그것조차 알 수 없게 되었다.

도둑이 나갈 때 "이 집은 문단속을 아주 잘하는 집이다."

라면서 칭찬했다고 하는데, 그 문단속 잘하는 집을 도둑에게 일러 준 고쿠라야의 한베 씨 머리에는 그 다음날부터 여기저기 상처 자국들이 생겨났다. 이것은 한베 씨가 돈이 없다고 거절할 때마다 도둑이 그럴 리 없다며 칼 끝으로 쿡쿡 한베 씨의 머리를 찔렀기 때문이라고 한다. 그래도 한베 씨는, "아무리 그래도 우리 집에는 정말 돈이 한 푼도 없어요. 뒷집의 나쓰메 씨네는 돈이 많으니까 그리로 가 보세요."라고 완강히 버티어서 마침내 돈은 한 푼도 뺏기지 않았다는 것이다.

나는 이 이야기를 아내로부터 들었다. 아내는 또 그것을 우리 형과 차를 마시며 이런저런 이야기 끝에 들었던 것이다.

15

내가 작년 11월 학습원學習院에서 강연(1914년 11월 25일, 학습원에서 행한 〈나의 개인주의〉라는 제목의 유명한 강연)을 했더니 나중에 사례라고 쓴 것을 보내왔다. 근사한 띠로 묶여 있기에 그것을 풀고 안을 확인해 보니 5엔짜리 지폐가 두 장 들어 있었다. 나는 그 돈을 평소부터 딱하게 여기고 있던 어느 친한 예술가에게 주려고 은근히 그가 오기를 기다렸다. 그런데 그 예술가가 미처 나타나지 않은 사이에 어딘가에 기부할 일이 생겨 그만 그 두 장을 모두 그곳에 주고 말았다.

한마디로 말해서 이 돈은 내게 결코 무용無用한 돈이 아니었던 것이다. 세상에서 흔히 일컫듯, 나를 위해 멋지게 썼다고 할 수밖에 없다. 하지만 그것을 남에게 주려고까지 했던 내 주관으로 볼 것 같으면 별로 고마움이 깃들어 있지 않은 돈임에는 틀림없었던 것이다. 솔직히 내 마음을 털어놓는다면 이 같은 사례는 받는 것보다 받지 않는 편이 오히려 기분이 산뜻했다.

구로야나기 가이슈우畔柳芥舟(1871-1923. 평론가, 영문학자. 야마카다山形 현 출신으로 본명은 구니다로. 소세키와는 도쿄제국대학 영문과 동료였다) 군이 강연회 일로 우리집에 왔을 때, 나는 이야기 끝에 내처 그 이유를 설명했다.

"그 경우 나는 노력을 팔려고 간 게 아니오. 호의로 의뢰에 응한 거니까 저쪽에서도 호의로 나를 대해 주었더라면 좋았을 것이오. 만약 보수 문제를 생각했다면 처음부터 사례는 얼마인데 그래도 오겠는지 등을 의논해야 마땅하지 않겠소?"

그때 K군은 납득할 수 없다는 표정을 지었다. 그리고 이렇게 말했다.

"하지만 어떨까요? 그 10엔을, 선생님의 노력을 샀다는 의미에서가 아니라 선생님에 대한 감사를 나타내는 하나의 수단으로 본다면. 그렇게 볼 수는 없으시겠습니까?"

"물건이라면 분명히 그런 해석을 할 수도 있겠지만 불행하게도 그 사례가 흔히 영업적인 거래에서 쓰는 돈이니까 어느 쪽으로든 생각할 수 있겠지요."

"어느 쪽으로든 생각할 수 있다면 이 기회에 선의의 방향으로 해석하는 게 좋지 않을까요?"

물론 지당한 말이기는 했다. 하지만 나는 또 이렇게 말했다.

"아시다시피 나는 원고료로 밥을 먹고 사니까 물론 부유하다고는 할 수 없겠지요. 그렇지만 어쨌든 오늘까지 그럭저럭 그것만으로 지내 오고 있고, 그래서 그런지 자기 직업 이외의 일에 대해서는 될 수 있으면 호의적으로 남을 위해 일하고 싶다는 생각을 가지고 있어요. 그리고 그 호의가 상대방에게 통한다는 것이 내게는 무엇보다도 귀한 보수인 셈이지요. 따라서 돈 같은 걸 받으면 내가 남을 위해서 일했다는 여지―지금의 내게는 이 여지가 아직 지극히 부족합니다.―그 귀중한 여지를 부식당해 버렸다는 기분이 들어요."

K군은 그래도 아직 내가 하는 말을 수긍하지 않는 눈치였다. 나는 고집을 세웠다.

"만약 이와사키나 미쓰이 같은 대부호한테 강연을 부탁할 경우, 나중에 10엔을 사례로 가지고 갈까? 아니면 그건 실례라고 그냥 인사만 하고 말까? 모르긴 해도 아마 돈은 가져가지 않을 거요."

"글쎄요."

K군은 이렇게 중얼거릴 뿐 분명한 대답을 하지 않았다.

나는 아직 좀더 말할 게 남아 있었다.

"자기 도취일지 모르겠지만, 나는 미쓰이나 이와사키에 비교될 만큼 부유하지는 않아도 일반 학생들보다는 훨씬 부자라고 믿고 있어요."

"그렇고말고요."

K군이 머리를 끄덕였다.

"만일 이와사키랑 미쓰이에게 10엔의 사례를 가지고 가는 게 실례라면, 나한테 10엔을 가지고 오는 것도 실례겠지요. 그것도 그 10엔이 물질적으로 내 생활에 대단한 보탬이 된다면야 어떤 다른 의미에서 이 문제를 바라볼 수도 있겠지. 하지만 나는 그걸 다른 사람한테 주려고까지 했어요. 지금의 내 경제 상태가 그 10엔 때문에 크게 달라질 정도는 아니니까."

"잘 생각해 보겠습니다."

이렇게 말한 K군은 히죽히죽 웃으며 돌아갔다.

16

 우리 집 앞으로 길게 뻗은 비탈길을 내려가면 어른 팔 너비쯤 되는 작은 시내에 다리가 하나 걸쳐져 있고 그 다리 저쪽 왼켠으로 조그만 이발소가 보인다. 나는 딱 한 번 그곳에서 머리를 깎은 적이 있다.
 평소에는 한길에서 가게 유리문 안이 보이지 않도록 하얀 옥양목 포장을 치고 있었기 때문에, 나는 그 이발소 문턱을 넘어서 거울 앞에 자리잡고 앉을 때까지 주인 얼굴을 전혀 모르고 있었다.
 주인은 내가 들어오는 것을 보더니, 들고 있던 신문지를 팽개치며 황급히 인사를 했다. 그때 나는 아무래도 어딘가에서 본 적이 있다는 느낌을 떨쳐 버릴 수 없었다. 그래서 그가 내 뒤로 돌아가 찰칵찰칵 가위질을 할 때를 기다려 내 쪽에서 먼저 말을 걸어 보았다. 그러자 그는 과연 내 짐작대로 옛날에 데라마치 우체국 옆에 가게를 갖고서 지금처럼 가위질로 밥을 먹고 살았었다고 했다.

"다카다(소세키의 사촌형으로 이복누나 후사의 남편이기도 한 다카다 쇼키치高田庄吉를 가리킨다. 〈길 위의 생道草〉에서는 히다로 그려져 있다) 어르신한테도 무척 신세를 졌습니다."

그 다카다라는 사람은 내 사촌형이었으므로 나도 놀랐다.

"아니, 다카다를 알고 있었단 말인가?"

"아는 정도가 아닙니다. 늘 도쿠야, 도쿠야 하시며 각별히 돌봐 주셨는걸요."

그의 말씨는 이런 직업을 가진 사람 치고는 오히려 정중한 편이었다.

"다카다도 죽었다네."

내가 이렇게 말하자 그는 무척 놀란 듯 "네?" 하고 외마디 소리를 질렀다.

"좋은 어른이셨는데, 애석해라! 언제 돌아가셨습니까?"

"바로 얼마 전이라네, 오늘로 보름이 될까 말까 하니까."

그는 뒤이어, 죽은 사촌형에 대해서 자기가 기억하고 있는 것을 이것저것 내게 들려준 후, "생각해 보면 세월 참 빠르기도 하지요, 어르신. 마치 어제 일처럼 눈에 선한데 벌써 삼십 년 가까이 흘렀으니까 말입니다."라고 말했다.

"왜 저 유명한 큐유테이求友亭란 요릿집 옆에 사실 때 말입니다."

주인이 또 말을 이어 갔다.

"아, 그 이층이 있던 집 말인가?"

"아니 이층이 있었던가요? 거기로 이사하셨을 때는 여기저기서 선물이 산더미처럼 들어와 참 시끌벅적했습지요. 그 뒤였던가요? 교간지行願寺 동네로 이사하신 게?"

이 질문에는 대답할 수 없었다. 실은 너무 묵은 옛이야기여서 나도 그만 잊어버리고 말았던 것이다.

"그 절 동네도 지금은 굉장히 변한 모양이더군. 볼일이 없어서 동네 안까지는 그 후 한 번도 안 들어가 봤지만."

"변했다 안 변했다 정도가 아니지요. 지금은 온통 기생집뿐인걸요."

나는 사카나마치를 지날 때마다 그 절 동네로 들어가는 버선집 모퉁이 옆 좁은 골목길 앞에 어수선하게 걸려 있는 홍등을 보곤 했었다. 그러나 그 수를 세어 볼 만큼 객기도 일지 않았기 때문에 지금 주인이 말하는 것들은 모르고 있었다.

"과연 그러고 보니 다가소데(향주머니 이름. 소매 모양으로 만든 주머니 두 개를 끈으로 이어 차고 다녔다)라나 뭐라나 하는 이상한 간판을 길에서 본 듯도 하네."

"예, 많이 생겼습니다. 두고 보세요, 더 변할 테니까요. 뭐 벌써 삼십 년이나 흘렀으니까요. 어르신도 잘 아시다시피 그때야 기생집이라 해도 동네 안에 딱 한 집밖에 없었잖습니까? 아즈마야라고. 거 왜 다카다 어르신네 집 바로 맞은편이었잖아요, 그 집 처마에 등이 매달려 있던 게."

17

나는 그 아즈마야를 잘 기억하고 있었다. 사촌형네 집 바로 맞은편이어서 양쪽 집 사람들이 들락거릴 때마다 곧잘 얼굴이 마주쳤고 그때마다 인사를 나누는 사이였으니까.

그 무렵 사촌형네 집에서는 우리 둘째형이 하릴없이 빈둥거리고 있었다. 그 형은 소문난 방탕아로, 걸핏하면 집에 있는 족자랑 칼 같은 것을 몰래 들고 나가 헐값에 팔아먹는 나쁜 버릇이 있었다. 그가 왜 사촌형네 집에서 빈둥거리고 있었는지 당시의 나는 그 이유를 잘 몰랐지만, 지금 생각해 보면 어쩌면 그런 짓을 한 게 들통이 나서 한동안 집에서 쫓겨났는지도 모르겠다. 그 형 외에 또 쇼라고 하는, 이 역시 외가 쪽 사촌형뻘이 되는 사람이 그 주위를 하릴없이 어슬렁거리고 있었다.

이런 패거리들이 항상 떼지어 모여서는 빈둥빈둥 방 안을 뒹굴거나 툇마루에 엉거주춤 걸터앉아 말도 안 되는 소리들을 지껄이고 있으면, 가끔씩 건너편 기생집 대나무 문창살에서 "안녕하세요?"라는 말이 날아왔다. 그러면 마치 그것을 기다리기나 한 것처럼 패거리들이 우우거리며 "이봐, 이리 좀 와 봐, 근사한 게 있단 말야." 하는 따위로 수작을 부리며 여자를 불러들이려고 법석을 떨었다. 기생들 쪽에서도 낮에는 한가했기 때문에 세 번에 한 번 꼴은 애교 삼아 놀러 왔다. 대개 이런 식이었다.

나는 그 무렵 아직 열예닐곱 살이었을 것이다. 게다가 몹시 부끄럼을 탔기 때문에 어쩌다 그런 자리에 있게 될 경우에도 아무 말 못하고 한쪽 구석에 앉아 있기 일쑤였다. 그렇기는 해도 어느 때 무슨 말 끝에 나도 이들한테 휩쓸려 그 기생집에 놀러 가서 트럼프를 친 적이 있었다. 진 사람이 뭔가 한턱을 내는 놀이여서 나는 누군가가 산 초밥이랑 과자를 실컷 얻어먹었다.

일주일쯤 지나서 또 이 빈둥거리는 형을 따라 그 집에 놀러 갔더니 예의 쇼 형까지 와 있고 분위기가 한껏 들떠 있었다. 그때 사키마츠라는 젊은 기생이 내 얼굴을 들여다보며 "우리 또 트럼프 쳐요." 하고 말했다. 나는 검은 학생복을 입고 잔뜩 폼을 재고 있었지만 주머니에는 땡전 한 닢 없었다.

"난 돈이 없어서 싫어."

"괜찮아요, 내가 있으니까."

여자는 그때 눈병에라도 걸린 것일까, 이렇게 말하면서 예쁜 소맷부리로 연신 불그스레해진 쌍꺼풀 눈을 비벼 댔다.

그후 나는 〈오사쿠가 좋은 손님을 만나 따라갔다〉는 소문을 사촌형네 집에서 들었다. 사촌형네 집에서는 그 여자를 사키마츠라고 부르지 않고 언제나 오사쿠 오사쿠, 하고 불렀던 것이다. 나는 그 이야기를 들었을 때 마음속으로, 다시는 오사쿠와 만날 기회가 없으리라고 생각했다.

그런데 그 후 상당히 시간이 지나, 내가 예의 다츠진과 함께 시바의 조조지 근처에 있는 권공장勸工場(중소 상공업자의 공동 판매장으로 지금의 대형 연쇄점 같은 곳)에 갔을 때, 거기에서 우연히 오사쿠와 마주쳤다. 이쪽의 학생 모습과는 반대로 그녀는 이미 기품 있는 부인으로 변해 있었다. 남편이라는 사람도 그녀의 곁에 서 있었다…….

나는 이발소 주인의 입에서 나온 아즈마야라는 기생집 이름 속에 스며 있는 이 같은 옛일을 갑자기 떠올린 것이다.

"거기 있던 오사쿠라는 여자를 알고 있는가?"

나는 주인에게 물었다.

"알다 뿐입니까? 그애는 내 질녀인걸요."

"그래?"

나는 놀랐다.

"그래, 지금은 어디에 있나?"

"오사쿠는 죽었습니다, 어르신."

나는 또 놀랐다.

"언제?"

"언제고 뭐고, 뭐 벌써 까마득한 옛날 일이 되었습지요. 아마 그애가 스물세 살 때였을 겁니다."

"으음."

"게다가 블라디보스톡에서 죽었지 뭡니까? 남편이 영사관에 관계하는 사람이어서 거기까지 따라갔었지요. 그러고 얼마 안 돼서였을 겁니다, 죽은 건."

나는 집으로 돌아와 또 유리문 안에 앉아서, 아직 죽지 않고 살아 있는 사람은 나와 저 이발소 주인밖에 없지 않을까, 하는 생각을 했다.

18

나를 찾아온 어떤 젊은 여자가, "아무래도 주위가 제대로 정리가 안 돼서 힘든데 어떻게 하면 좋을까요?" 하고 물었다.

이 여자는 어느 친척집에서 기거하고 있었기 때문에, 나는 그곳이 좁은데다가 또 그 집 애들이 시끄럽게 구는가 보다고 지레짐작하고 간단하게 대답했다.

"어디 깔끔한 집을 찾아서 하숙이라도 하면 어떻겠습니까?"

"아뇨, 방 얘기가 아니라 머릿속이 정리가 안 돼서 힘들단 말이에요."

나는 내 오해를 의식함과 동시에 여자가 하는 말의 의미를 미처 알아듣지 못하고 있었다. 그래서 좀더 자세한 설명을 여자에게 요구했다.

"밖에서는 뭐든지 머릿속에 들어오는데 그게 마음의 중심과 어쩐지 잘 안 맞아서요."

"당신이 말하는 마음의 중심이란 대체 어떤 것입니까?"

"어떤 것이라뇨? 반듯한 직선이죠."

나는 이 여자가 수학을 잘하는 것을 알고 있었다. 하지만 마음의 중심이 직선이라는 의미는 물론 내게 통하지 않았다. 게다가 중심이란 과연 무엇을 뜻하는지 그것조차 이해할 수 없었다. 여자는 이렇게 말했다.

"물체에는 무엇이든지 중심이 있잖아요?"

"그거야 눈으로 볼 수 있고 자로 잴 수 있는 물체의 경우만이겠지요. 마음에도 형태가 있습니까? 있다면 그 중심이라는 걸 여기에 한번 내놓아 보세요."

여자는 내놓을 수 있다고도 없다고도 하지 않은 채 마당으로 눈길을 보내기도 하고 두 손을 무릎 위에서 비벼 대기도 했다.

"당신이 말하는 직선이란 비유가 아니겠습니까? 비유라면 동그랗다고 말하든 네모라고 말하든, 똑같은 말이 될 텐데요."

"그럴지도 모르지만 형체랑 색깔이 항상 변하는 속에서도 전혀 변하지 않는 게 아무래도 있다고 저는 생각해요."

"그 변하는 것과 안 변하는 것이 따로따로라고 한다면, 요컨대 마음이 두 개 있는 셈이 되는데요, 그래야겠습니까? 변하는 건 즉, 변하지 않는 것이어야만 하지 않겠습니까?"

이렇게 말한 나는 문제를 다시 처음으로 되돌려 여자에게 말했다.

"외계의 모든 것이 머릿속에 들어와서 곧장 질서정연하게 똑부러지게 정리되는 사람은 아마 이 세상에 한 사람도 없을 겁니다. 실례지만 당신의 나이나 교육, 학문을 가지고는 그렇게 될 리 없습니다. 만약 그런 의미가 아니라, 학문의 힘을 빌리지 않고 철저하게 콱 매조진 것을 보고 싶다면 저 같은 사람을 찾아와서는 안 되지요. 어디 고명한 스님이라도 찾아가 보세요."

그러자 그 여자가 내 얼굴을 보았다.

"저는 처음 선생님을 뵈었을 때, 선생님 마음은 그런 점에서 보통 사람 이상으로 뛰어나다고 생각했어요."

"그럴 리가 없습니다."

"하지만 저에게는 그렇게 보였어요. 내장의 위치까지도 반듯하게 정리돼 있다고 생각했어요."

"만약 제 내장이 그토록 형편 좋게 조절돼 있다면 이렇게 시종 병치레를 할 리 없겠죠."

"저는 병에는 안 걸려요."

여자가 갑자기 고집스레 말했다.

"그건 당신이 저보나 훌륭하다는 증거입니다."

나도 고집스레 맞받았다.

여자가 방석을 밀어 놓았다. 그러고는 "부디 건강 조심하세요."라고 말하며 돌아갔다.

19

나의 옛집은 지금 내가 살고 있는 곳에서 4, 5백 미터쯤 더 안쪽으로 들어가는 바바시타馬場下라는 동네에 있었다. 동네라고는 해도, 실은 역마를 갈아타는 작은 역참으로밖에 여겨지지 않을 정도로 어린 시절의 나에게는 더없이 적적하고 쓸쓸해 보였다. 본디 바바시타란 다카다高田의 바바馬場 밑에 있다는 의미이므로 옛 에도 그림 지도를 보더라도 성 안에 있었는지 성 밖에 있었는지 그 선조차 알 수 없을 정도로 변두리 구석 쪽에 있었던 것만은 틀림없다.

그렇기는 해도 사방 벽을 하얗게 칠한 번듯한 기와집이 좁은 동네 안에 서너 채는 있었던 것 같다. 비탈길을 올라가면 오른쪽에 보이는 오우미야 덴베란 한방 약종상 같은 게 그 하나였다. 그리고 그 비탈길 끝 막다른 곳에 널찍한 집채의 고쿠라야라는 술집도 있었다. 번듯한 기와집은 아니었지만, 저 유명한 호리베 야스베堀部安兵衛(1670-1703. 아코 의사 47인 중의 한 사람. 본명은 다케츠네. 처삼촌을 구한 다카다 바바의 결투로 유명하다)가 다카다의 바바에서 원수를 갚을 적에 이 집에 들러 말술을 마시고 갔다는 이력 깊은 집이었다. 나는 그 이야기를 어린시절 늘 들으며 자랐었지만, 그러나 한 번도 그곳에 보관되어 있다는 소문의, 야스베가 입을 댄 그 말 됫박을 본 적은 없었다. 그 대신 오키타란 그 집 딸이 부르는 나가우타長唄(에도 가부키의 무용곡으로서 발달한 샤미센 음악. 극장에서만이 아니라 연회석이나 가정에서도 널리 불렸다. 길고 우아하고 품위가 있으며 메이지 시대에는 교양의 하나로 양가집 처녀들이 많이 배웠다)는 몇 번인가 들은 적이 있었다. 나는 어린애였기 때문에 잘 부르는지 못 부르는지 그런 것은 전혀 몰랐지만, 마실이라도 갈 양으로 우리 집 현관에서 밖으로 나가는 디딤돌 위에 서면 오키타의 노랫소리가 잘 들려왔던 것이다. 긴 봄날 오후 같은 때면, 나는 곧잘 황홀해진 내 영혼을 화창한 봄볕에 실은 채 오키타의 소리 연습을 몽롱히 들으며 우두커니 우리 집 하얀 담벼락에 몸을 기대고 서 있기도 했다. 그 덕분에 나는 마침내 "나그네길 여장은 회색 가사"였던가 뭐였던가 하는 그 노래 구절을 저도 모르게 외우게 되었다.

그 밖에 소목 집이 한 집 있었다. 그리고 대장간도 한 집 있었다. 하치만자카 비탈길 쪽으로 치우친 곳에는 지붕 밑이 온통 널찍한 토방인 야채시장도 있었다. 우리 집 식구들은 그곳 주인을 동야의 센타로 씨라고 부르고 있었다. 센타로 씨는, 잘은 모르나 우리 아버지와 먼 친척뻘이 된다고 했는데 두 집의 친교로 말할 것 같으면 남보다 더 소원했다. 어쩌다 길에서 부딪칠 때만 "날씨가 좋군요."라고 인사를 나누는 사이에 불과했던 것 같다. 이 센타로 씨의 외동딸이 야담가 데이스이와 눈이 맞아 죽네사네 야단법석을 떤 일도 소문으로 들어서 알고 있었으나 정확한 기억은 지금 머릿속에 하나도 남아 있지 않다. 어린애였던 나에게는 그보다도 센타로 씨가 높다란 좌판 위에 척 걸터앉아 휴대용 붓통과 장부를 든 채, "야아잇! 자, 얼마?" 하고 기세 좋게 외쳐 대며 밑에 있는 빽빽한 얼굴들을 휙 둘러보는 광경 쪽이 훨씬 더 재미있었다. 그러면 밑은 밑대로 또 많은 사람들이 한꺼번에 손

을 짝 펴 올려 센타로 씨를 바라보며 론지다, 가렌이다

라는 암호를 마치 욕을 퍼붓듯 고래고래 질러 댔다. 그러면 그 사이에 생강이랑 가지, 호박 등의 바구니가 건장한 인부들 손에서 척척 어딘가로 날라져 없어지는 것을 보는 것도 시원시원했다.

어떤 시골에 가더라도 흔히 볼 수 있는 두부집도 물론 있었다. 그 두부집에는 언제나 기름 냄새에 절은 포렴이 쳐져 있었으나 문 앞에 흐르는 하수만은 교토에라도 간 것처럼 아주 깨끗했다. 그 두부집에서 조금 꼬부라지면 바로 눈앞에 세이칸지西閑寺라는 절 문이 높직이 보였다. 붉게 칠해진 문 뒤가 온통 거무칙칙한 대숲으로 뒤덮여 있었기 때문에 안에 무엇이 있는지 밖에서는 전혀 보이지 않았다. 하지만 저 안쪽에서 아침저녁 울리는 예불 종소리는 지금도 내 귀에 또렷이 남아 있다. 특히 안개가 많은 가을부터 찬바람이 부는 겨울에 걸쳐 땡땡 울리는 세이칸지의 종소리는 언제나 내 마음 깊이 슬프고도 시린 그 무엇인가를 울려 넣는 듯 어린 내 마음을 외롭게 했다.

20

이 두부집 옆에 요세寄席(에도 시대, 라쿠고落語·야담·인형극·요술·속요俗謠 등 대중 예능이 흥행했던 상설 연예장. 지금의 소극장에 해당한다)가 한 채 있었던 것을 나는 마치 무슨 몽환처럼 아직도 기억하고 있다. 그런 변두리에 흥행장이 있을 리 없다는 게 내 기억을 흐리게 해 주는 탓일까. 나는 그것을 떠올릴 때마다 기이한 느낌에 싸여 긴가민가하는 눈으로 내 먼 과거를 뒤돌아보곤 한다.

그 요세 주인은 동네의 소방수이기도 해서 때때로 감색 배두렁이 위에 빨간 줄무늬가 쳐진 소방수 윗도리를 입고, 끈 없는 짚신 같은 것을 꿰고 길을 오갔다. 거기에는 또 오후지라는 딸이 있어서 그 딸의 미모가 자주 우리 집 식구들 입에 오르내렸던 일도 아직 내 기억을 떠나지 않고 있다. 뒤에 데릴사위를 들였었는데 그게 또 콧수염을 기른 멋진 남자였기에 나는 좀 놀랐었다. 오후지네 집 쪽에서도 자랑스러워하는 데릴사위라는 소문이 자자했었는데, 나중에 들어 보니 그 사람은 어딘가의 구청 서기라는 이야기였다.

이 데릴사위를 들일 무렵에는 이미 요세를 걷어치우고 여염집으로 변해 있었던 것 같지만, 아직 그 집 처마 끝에 어둑신한 간판이 외롭게 걸려 있던 시절, 나는 어머니에게서 용돈을 타기만 하면 그곳으로 구경하러 가곤 했었다. 야담가는 분명 난린이라던가 했다. 이상하게도 이 요세에는 난린 이외에는 아무도 출연하지 않았던 것 같다. 그 남자의 집이 어디에 있었는지 알 수 없었으나, 그 어느 쪽에서 걸어왔든 길이 정비되고 집들이 반듯반듯 늘어선 지금에서 미루어 본다면 오가는 일이 보통 힘든 게 아니었을 것이다. 게다가 손님 머릿수가 늘 열다섯에서 스물이 고작이었으므로 아무리 상상의 날개를 펴 봐도 도무지 꿈이라고밖에는 생각되지 않는 것이다.

"이봐 이봐, 갈보야! 하고 부르는 소리에, 내 이름은 야츠하시야! 하며 뒤돌아보는 순간 가차없이 내리치는 번뜩이는 칼날."

이런 이상한 문구는 내가 그 시절 난린으로부터 배웠던가 아니면 후에 라쿠고落語(에도 시대에 유행한 요세 연예의 일종으로 한 사람이 나와 익살맞은 이야기를 손짓을 섞어 가며 연기한다. 사람을 웃긴 뒤 반드시 그 이야기를 매듭짓는 말로 끝을 맺게 되어 있다. 흔히 우리나라에서는 만담으로 알려져 있으나 만담과는 엄격히 구별되어 있다) 연기자가 웃기는 야담가 흉내에서 외웠던가, 지금은 헷갈려서 잘 모르겠다.

당시 우리 집에서 동네다운 동네로 나가려면 반드시 인가 없는 차밭이나 대나무숲, 또는 긴 논둑길 같은 곳을 빠져나가지 않으면 안 되었다. 물건다운 물건을 사려면 대개 가구라자카까지 나가는 게 보통이었기 때문에 그런 데 익숙해진 나에게 별달리 고통이 될 리는 없었지만, 그래도 야라이의 비탈길을 올라 옛 사카이 대감댁 화재 감시대를 지나 데라마치로 빠지는 그 긴 외길은 대낮에도 항상 어두컴컴했다.

그 둑 위에는 두서너 아름이나 되는 큰 나무가 수없이 뻗어 있고, 그 사이사이에 또 큰 대나무숲이 들어차 있었으니 햇빛이 비치는 시간이란 아마 하루종일 단 한 순간도 없었으리라. 그런 탓에 어쩌다 중심가에 가려고 굽 낮은 게다로 모양이라도 내고 나가는 날에는 예외없이 큰 낭패를 보게 되는 것이다. 해동 무렵 그곳의 질척거리는 땅은 어떤 비나 눈보다도 더 끔찍한 것으로 내 머릿속에 남아 있다.

그토록 불편한 곳에서도 화재의 두려움은 역시 있었던 모양으로, 길모퉁이에 높은 사다리 망루가 세워져 있었다. 그리고 그 위에는 해묵은 작은 종이 매달려 있었다. 나는 이런 있는 그대로의 옛날을 자주 떠올리곤 한다. 그 종 바로 밑에 있던 작은 간이 밥집도 눈앞에 어린다. 밥집 포장 사이로 자글거리는 조림 냄새가 연기와 함께 바깥으로 새어나와 해거름 안개 속으로 어우러져 들어가던 정취도 잊어버릴 수 없다. 아직 시키(마사오카 시키正岡子規, 1867-1902. 마쓰야마松山 출신의 하이쿠 시인. 문장혁신운동을 일으켜 하이쿠의 근대문학적 위치를 확립시켰다. 소세키와는 고등학교 시절부터의 친구로 소세키에게 큰 영향을 끼쳤다)가 살아 있을 무렵, 내가 〈자그만 종과 나란히 키 다투는 겨울나무여半鐘と芳んで高き冬木哉〉라는 시를 읊은 것은 실은 이 종을 기념하기 위해서였다.

21

 우리 집에 관한 내 기억은 대체로 이런 식의 촌스러운 것뿐이다. 그리고 어딘가 좀 쓸쓸하고 애잔한 그림자를 드리우고 있다. 그러므로 바로 얼마 전 지금 유일하게 생존해 있는 셋째형으로부터 누나들이 연극을 보러 다니던 당시의 이야기를 들었을 때는 크게 놀랐다. 그런 화려한 시절도 있었나 생각하니 나는 점점 더 꿈 같은 기분에 젖어들지 않을 수 없었다.

 그 무렵의 극장은 전부 사루와카초에 있었다. 전차는커녕 인력거도 없던 시절이었기 때문에 다카다의 바바 끝에서 아사쿠사의 간논사마 앞까지 아침 일찍 도착한다는 것은 예삿일이 아니었던 모양이다. 누나들은 모두 한밤중에 일어나 채비를 했다. 가는 길이 위험하다고 해서 하인이 꼭 따라갔다고 한다.

 그들은 츠쿠도까지 내려가 가키노키요코초에서 아게바 선착장으로 빠진 뒤, 나룻배집에 미리 부탁해 놓은 지붕 달린 작은 배에 오르는 것이다. 나는 그들이 얼마나 기대에 부푼 마음으로 느릿느릿 포병공장 앞을 지나 오차노미즈를 빠져 야나기바시까지 노를 저어 갔을까를 상상해 본다. 더욱이 그들의 여로가 결코 거기에서 끝날 리 없고 보면 시간에 제약을 두지 않았던 그 옛날이 더더욱 그리움으로 이어진다.

오카와로 나온 배는 물살을 거슬러 아즈마 다리를 빠져나와 이마도의 유메이로有明樓 옆에 닿았다고 한다. 누나들은 거기에서 내려 극장 휴게소까지 가서야 비로소 그들이 예약한 자리에 앉기 위해 안내자를 따라 극장 안으로 들어간다. 예약한 자리란 반드시 보통 자리보다 한 단 높은 윗자리로 정해져 있었다. 옷차림이며 얼굴, 머리치장 같은 게 사람들 눈에 잘 뜨이는 좋은 장소여서 화려함을 좋아하는 사람들이 다투어 그 자리를 차지하고 싶어 했기 때문이다.

막간에는 배우의 시중을 드는 남자가, "여러분, 분장실 구경하러 오시죠." 하며 데리러 온다. 그러면 누나들은 화려한 비단옷 위에 하카마 바지를 걸친 그의 뒤를 따라 그 당시 인기 배우였던 다노스케라든가 돗쇼 같은, 그들이 좋아하는 배우의 방에 가서 부채에 그림을 받아 가지고 돌아온다. 이게 그들의 허영이었을 것이다. 그리고 그 허영은 돈이 아니면 살 수 없었던 것이다.

돌아올 때는 처음 왔던 길을 같은 배로 아게바까지 저어서 돌아온다. 마음을 놓을 수 없다고 하인이 또 등롱을 들고 마중 나온다. 집에 도착하는 것은 지금 시계로 아마 밤 열두 시쯤 되리라. 그러니까 한밤중부터 한밤중까지 걸려서야 그들은 가까스로 연극을 볼 수 있었던 것이다…….

이런 화려한 이야기를 들으면, 나는 과연 그것이 우리 집에서 일어난 일이었을까 싶으면서 의아심이 생긴다. 어딘가 중심가 부잣집에서나 있었음직한 옛날 이야기를 들은 것 같은 기분이 되기 때문이다.

더욱이 우리 집은 저 사무라이 양반 신분도 뭣도 아니라 사람을 넓게 만나야 하는 나누시名主(에도 시대, 막부 직할시에서 민정을 돌보았던 동장 혹은 촌장. 행정권뿐만이 아니라 사법권이나 경찰권도 어느 정도 가지고 있었다)라는 상인이었다. 내가 알고 있는 아버지는 머리가 벗어진 대머리 할아버지였는데, 젊은 시절 한때는 소리를 배우기도 하고 친한 기생에게 비단 이불 등을 해 보내기도 했다고 한다. 아오야마에 전답이 있어 그

곳에서 올라오는 쌀만으로도 식구들 먹기에는 부족함이 없었다고 들었다. 현재 살아 있는 셋째형은 하루종일 쌀 찧는 소리를 들었다고도 한다. 내 기억에 의하면 온 동네 사람들이 우리 집을 가리켜 현관집, 현관집(현관 앞에 손님을 맞이하는 마루방이 한 단 낮게 깔려 있는 집으로 원래는 무가武家 주택의 한 전형이었다. 당시 상인으로서 현관을 만들 수 있었던 집은 나누시뿐이었다) 하고 불렀던 것 같다. 당시의 나는 그것이 어떤 의미인지 잘 몰랐었지만, 지금 생각해 보면 마루방이 달린 위엄 있는 현관이 딸린 집은 동네 안에서 오직 우리 집 하나밖에 없었기 때문인 듯싶다. 아무리 먼 옛날이라고 하지만, 그 현관 마루를 올라서면 한쪽에 나란히 걸려 있던 죄수 잡도리용 포승이나 갈고리, 또는 헐어빠진 말안장 따위가 아직도 기억 속에 떠오른다.

22

 요 2, 3년 이래 나는 대체로 일 년에 한 번 꼴로 병치레를 하고 있다. 그리고 자리에 누웠다가 다시 일어나기까지 거의 달포 가량이 걸린다.

 내 병으로 말할 것 같으면 언제나 똑같은 위의 고장이기 때문에 일을 당하면 절식 요법밖에 달리 방법이 없다. 의사의 지시가 아니더라도 병의 성질 자체가 내게 어쩔 수 없이 이 절식을 강요하는 것이다. 그러므로 앓기 시작할 때보다 회복기에 접어들었을 때가 훨씬 더 여위고 맥을 못 추는 상태가 된다. 병이 나면 한 달 이상 걸리는 것도 주로 이 쇠약 때문이라고 여겨진다.

 내 거동이 자유스러워지면, 간간이 검은 테두리를 두른 인쇄물이 내 책상 위에 놓인다. 나는 운명을 고소告訴하는 사람처럼 실크햇을 쓰고 인력거를 타고 장례식장으로 달려간다. 죽은 사람 가운데는 노인도 있고 노파도 있지만 때로는 나보다 젊고 평소 그 건강을 뽐내던 사람도 섞여 있다.

나는 집에 돌아와 책상 앞에 앉아 인간의 수명이란 참으로 불가사의하다는 생각에 젖는다. 다병한 나는 어째서 살아남아 있으며 그 사람은 무슨 까닭에 나보다 먼저 죽었을까 하고 생각한다.

나로서는 이러한 묵상에 잠기는 것은 오히려 당연하다고 해야 하리라. 하지만 자신의 지위나 몸이나 재능 같은—나라고 하는 존재가 자기 것이라고 의지하고 있는 모든 것이, 실은 불안하기 그지없는 것들임을 잊어버리고 살기 십상인 인간의 한 사람으로서, 자신만은 죽지 않는 게 당연하다고 여기며 지내는 경우가 많다. 스님이 독경하는 순간조차, 아니 영전에 머리를 수그리는 순간조차, 죽은 사람 뒤에 살아남은 이 나라고 하는 형해形骸를 조금도 이상하게 생각하지 않고 멀쩡하게 앉아 있곤 한다.

어떤 사람이 나를 보고 "남이 죽는 건 당연한 듯한데 자신이 죽는다는 건 도저히 생각할 수 없습니다."라고 말한 적이 있다. 전쟁에 나간 경험이 있는 어떤 남자에게, "그렇게 옆에서 대원이 하나둘 쓰러지는 걸 보면서도 자기만은 안 죽는다고 생각할 수 있을까요?" 하고 물었더니 그 사람은 "있고말고요. 아마 죽는 그 순간까지 죽지 않을 거라고 생각할 겁니다."라고 대답했다. 그리고 또 대학에서 이과理科에 관련된 학문을 하는 사람으로부터 비행기 이야기를 들었을 때, 이런 이야기를 주고받은 기억도 있다.

"저렇게 계속 추락하거나 죽거나 한다면 나중에 타는 사람은 필경 무섭겠지요. 이번에는 내 차례로구나, 하는 기분이 들 것 같은데, 그렇지 않습니까?"

"그런데 그게 꼭 그렇지만도 않나 봅니다."

"왜요?"

"왜라뇨? 오히려 정반대의 심리 상태에 지배되는가 봅니다. 역시 그 녀석은 추락해서 죽었지만 나는 괜찮을 거라는 기분이 되는 모양이에요."

나 또한 어쩌면 그런 사람들과 똑같은 기분으로 비교적 태연히 지내고 있는지도 모르겠다. 아마 그도 그럴 것이다. 죽을 때까지는 누구든 살아 있을 테니까.

이상하게도 내가 누워 있는 동안에는 부고가 거의 오지 않는다. 작년 가을에도 병이 다 나은 뒤에 몇 사람의 장례식에 갔던 것이다. 그 몇 사람 중에는 사社(아사히 신문사)의 사토 군도 들어 있다. 나는 사토 군이 어느 연회석상에서 회사에서 받은 은잔을 들고 와 나에게 술을 권하던 일을 떠올렸다. 그때 그가 춘 괴상한 춤도 아직 기억하고 있다. 이 건강하고 기운이 펄펄 넘치던 사람의 장례식에 갔던 나는, 그가 죽고 내가 살아남은 것에 대해 별반 이상하다는 생각도 없이 지낼 때가 많다. 그러나 이따금 생각해 보면, 자신이 살아 있는 게 부자연스럽게 느껴질 때도 있다. 그리고 운명이 일부러 나를 우롱하고 있는 게 아닐까, 부쩍 의심이 들기도 한다.

23

지금 내가 살고 있는 집 가까이에 키쿠이초라는 동네가 있다. 그곳은 내가 태어난 곳이기 때문에 그 동네라면 누구보다도 내가 잘 알고 있다. 하지만 내가 집을 떠나 여기저기를 표랑하고 돌아왔을 무렵에는 그 키쿠이초도 상당히 넓어져서 어느새 네고로까지 뻗쳐 있었다.

나와 인연 깊은 이 동네의 이름은 너무 익숙하게 들으며 자란 탓인지 내 과거를 불러일으켜 주는 정다운 음향을 조금도 전해 주지 않는다. 그러나 서재에 홀로 턱을 괴고 앉아, 흐름에 맡겨 버린 배처럼 마음을 자유롭게 풀어 두면 때때로 나의 연상은 키쿠이초라는 네 글자와 맞닥뜨린 채 거기에서 한동안 배회하기 시작할 때가 있다.

이 동네는 에도江戸라고 불렸던 옛날에는 아마 존재하지 않았던 것 같다. 에도가 도쿄로 바뀌었을 때인지, 아니면 그보다 훨씬 지나서였는지 연대는 확실히 모르지만, 여하튼 우리 아버지가 지어낸 이름임에는 틀림이 없다.

우리 집 가문家紋이 우물 정#자 모양에 키쿠菊였기 때문에 이것과 연관시켜 키쿠菊에 이도#戸를 붙여 키쿠이초라고 했다는 이야기는 아버지 당신의 입에서 직접 들었는지, 아니면 다른 사람으로부터 들었는지, 어쨌든 내 귓전에 아직 남아 있다. 아버지는 나누시 제도가 없어진 뒤에도 한때 구장 직을 맡고 있었기 때문에 어쩌면 그런 자유가 먹혀 들어갔는지도 모르겠으나 그것을 자랑으로 여겼던 아버지의 허영심을 지금 와서 돌이켜 보면 싫은 마음은 저만큼 사라져 버리고 그저 미소롭게만 여겨지는 것이다.

아버지는 그 외에 또 우리 집 앞에서 남쪽으로 갈 때면 반드시 올라가야 되는 긴 비탈길에 당신의 성인 나쓰메夏目라는 이름을 붙였다. 불행하게도 이것은 키쿠이초만큼은 유명해지지 않고 그냥 비탈길로 남아 있다. 그러나 얼마 전 어떤 사람이 와서, 지도로 이 주변의 이름을 조사해 본즉 나쓰메자카夏目阪라는 게 있더라고 이야기한 터여서, 어쩌면 아버지가 붙인 이름이 지금도 도움이 되고 있는지 모르겠다.

내가 와세다로 돌아온 것은 도쿄를 떠난 지 몇 년 만의 일이었을까. 나는 지금 살고 있는 집으로 옮기기 전, 집을 구할 목적이었는지 또는 소풍길에서였는지, 아무튼 오랜만에 우연히 내가 살던 옛집 곁을 지나가게 되었다. 그때 이층의 해묵은 기와가 밖에서 조금 보였기 때문에 아직 그대로 남아 있나 보다고 생각은 했지만 그저 그뿐으로 지나쳐 버리고 말았다.

와세다로 옮기고 나서 나는 또 그 집 앞을 지나가 보았다. 밖에서 들여다보았을 때는 옛날과 별로 달라지지 않은 것 같기도 했는데 문에는 뜻밖에도 하숙집 간판이 걸려 있었다. 나는 그 옛날의 와세다 논이 보고 싶었다. 그러나 그 곳에는 이미 동네가 들어서 있었다. 나는 네고로의 차밭과 대나무숲도 한번 보고 싶었다. 그러나 그 흔적은 어디에서도 발견할 수 없었다. 아마 이 근처였으리라고 추측한 내 어림짐작이 맞았는지 안 맞았는지 그조차도 불분명했다.

나는 잠시 망연하게 멈추어 섰다. 왜 우리 집만이 과거의 잔해처럼 존재해 있는 것일까. 나는 마음속으로 빨리 그것이 무너져 버리기를 바랐다.

〈시간〉은 힘이었다. 작년에 내가 다카다 쪽으로 산책을 나간 길에 무심코 그곳을 지나쳐 보았더니 우리 집은 깨끗하게 헐려 없어지고 그 터에 새 하숙집이 한창 지어지고 있었다. 그 곁에는 전에 없던 전당포까지 생겨 있었다. 전당포 앞에는 얼기설기 엮은 울타리가 쳐져 있고 그 안에 정원수 몇 그루가 심겨 있었다. 세 그루의 소나무는 흔적도 찾아볼 수 없게 가지들이 잘려 나가 마치 기형아 같았는데, 어디선가 본 듯한 낯익은 느낌을 갖게 했다. 내가 옛날에 〈너울거리는 세 그루 소나무 그림자에 넘치는 달밤아影參差松三本の月夜かな〉라고

읊은 것은 어쩌면 이 소나무가 아니었을까? 그런 생각을 하면서 나는 또 집으로 돌아왔다.

24

"그런 경우에 처해 있었으면서도 용케 여태까지 무사히 지내 오셨소."

"예. 그럭저럭 어쨌든 무사히 지내 왔습니다."

우리들이 사용한 무사無事라는 말은, 남녀 사이에 일어나는 사랑의 파란이 없다는 뜻으로, 말하자면 정사情事의 반대를 이르는 것이었지만 나의 추궁심은 그의 간단한 이 대답 한마디로 만족할 수 없었다.

"왜 사람들이 곧잘 말하지 않소. 과자집에서 일을 하면 제아무리 단 걸 좋아하는 사람이라도 과자가 싫어진다고. 아니, 히간彼岸(춘분이나 추분의 전후 각 사흘간을 합한 7일간 또는 그

즈음의 계절. 보통 이때 성묘를 하러 간다) 때 집에서 팥떡 빚는 걸 보고 있어도 알지 않소. 빚는 사람은 그냥 찬합에 담는 것만으로도 뭐 벌써 지겨운 얼굴이니까. 당신 경우도 그런 겁니까?"

"꼭 그렇지만은 않습니다. 어쨌든 스무 살이 좀 넘을 때까지는 아무렇지도 않았으니까요."

그 사람은 어떤 의미로서는 호남이었다.

"설령 당신은 아무렇지 않았다고 해도 상대방까지 그랬다고는 단언할 수 없지 않겠소? 그럴 경우, 아무래도 유혹에 빠지기 쉬운 법일 텐데요."

"지금 돌이켜보면, 과연 그런 뜻으로 그렇게 했구나, 또는 그런 말을 했구나 하고 이것저것 짚이는 일이 없지 않은 것도 아닙니다."

"그럼 전혀 눈치를 못 채고 계셨단 말이군요."

"뭐 그런 셈이지요. 나중에 눈치를 챈 게 한 가지 있긴 있었습니다. 하지만 제 마음이 도무지 그 상대방에게 끌리지 않았습니다."

나는 그것으로 이야기가 끝났나 보다고 생각했다. 우리 앞에는 설 상이 놓여 있었다. 손님은 전혀 술을 마시지 않았고 나 또한 술잔에는 거의 손을 대지 않았기 때문에 우리 사이에 잔이 오가는 일이란 처음부터 아예 없었다.

"겨우 그 정도로 오늘까지 지내 오셨단 말씀이오?"

나는 국물을 훌쩍거리며 다짐 삼아 다시 물어보았다. 그러자 손님이 갑자기 이런 이야기를 내게 들려주는 것이었다.

"아직 남의 밑에서 일을 배우고 있던 시절, 어떤 여자와 한 이태쯤 사귄 적이 있습니다. 상대방은 물론 여염집 여자가 아니었지요. 하지만 그 여자는 이미 이 세상에 없습니다. 목매달아 죽어 버렸어요. 나이는 열아홉 살이었지요. 열흘쯤 안 만난 사이에 일어난 일입니다. 그 여자한테는 서방이 둘씩이나 있었는데, 양쪽이 생떼로 몸값을 다투어 올린 모양입니다. 게다가 제각기 기생 어미를 구워삶아서, 이쪽으로 오너라, 저쪽으로는 가지 마라, 하고 의리를 앞세워 몰아 댄 것 같습니다……."

"당신은 그걸 구해 줄 마음이 없었단 말입니까?"

"그때 저는 견습공으로 겨우 애송이를 면할까 말까 할 때여서 어떻게 해 볼 재간이 없었습니다."

"하지만 그 기생은 당신 때문에 죽지 않았소?"

"글쎄요…… 한꺼번에 두 서방한테 의리를 세울 수 없었기 때문인지도 모르겠습니다만…… 하지만 우리 둘 사이에는 아무데도 안 가겠다는 약속이 있었던 것만은 사실입니다."

"그럼 당신이 간접적으로 그 여자를 죽였다고도 볼 수 있겠군요."

"어쩌면 그럴지도 모르지요."

"잠자리가 뒤숭숭하지는 않소?"

"좀 그렇긴 합니다."

세배객으로 북적거리던 내 방은, 이튿날이 되자 쓸쓸하리만큼 조용했다. 나는 그 쓸쓸한 정초 분위기 속에서 이런 애절한 이야기를 그 세배객으로부터 들었던 것이다. 손님은 진지하고 정직한 사람이었기 때문에 그 이야기를 할 때도 야한 말투를 거의 쓰지 않았다.

25

 내가 아직 센다기에 살았을 무렵의 이야기이므로 햇수로 친다면 꽤 옛날 일이 된다.

 어느 날 나는 키리도오시 쪽으로 산책을 갔다가 돌아오는 길에 혼고 4가 모퉁이로 빠지는 대신 바로 앞에 나 있는 좁은 길을 북쪽으로 돌아들었다. 길모퉁이에는 그 무렵 있었던 정육점 옆에 요세 간판이 항상 걸려 있었다.

 비오는 날이었기 때문에, 물론 나는 우산을 쓰고 있었다. 그런데 깊숙하고 폭 좁은 우산 꼭대기에서 새어 들어오는 빗물이 나무 손잡이를 타고 흘러내려 내 손을 적시기 시작했다. 인적 드문 그 골목길은 모든 흙탕을 빗물로 씻어낸 듯, 흔히 게다 끝에 걸리는 질척거리는 게 하나도 없었다. 그렇지만 위를 쳐다보면 어두웠고 밑을 내려다보면 외로웠다. 줄곧 걷고 있는 탓도 있었겠지만, 내 주변에는 무엇 하나 내 눈을 끄는 게 보이지 않았다. 그리고 내 마음은 이 날씨며 이 주변과 너무 닮아 있었다. 나에게는 자신의 마음을 부식腐蝕

시킬 것 같은 불쾌한 덩어리가 항시 웅크리고 있었다. 나는 음울한 얼굴로 멍하게 빗속을 걸어갔다.

히가케초의 요세 앞까지 온 나는, 갑자기 덮개 달린 인력거 한 대와 마주쳤다. 나와 인력거 사이에는 어떤 방해물도 없었기 때문에 나는 멀리서부터 그 안에 타고 있는 사람이 여자라는 것을 알아차렸다. 아직 셀룰로이드 창문 같은 게 달려 있지 않던 시절이었으므로 인력거에 탄 사람은 그 하얀 얼굴을 멀리서부터 내게 드러내고 있었던 것이다.

내 눈에는 그 하얀 얼굴이 굉장히 아름답게 비쳤다. 나는 빗속을 걸으며 줄곧 그 사람의 모습에 홀려 있었다. 동시에 이건 틀림없이 기생일 거라는 추측이 거의 사실처럼 여겨졌다. 그런데 인력거가 바로 내 코앞에 왔을 때, 갑자기 내가 바라보고 있던 아름다운 사람이 정중한 목례를 던지며 내 곁을 지나쳐 갔다. 나는 미소를 머금은 그 인사와 더불어 상대방이 오츠카 쿠스오大塚楠緖(1875-1910. 소설가, 시인. 소세키의 친구인 미학자美學者. 오츠카 야스하루의 부인으로 소세키의 문하생. 젊은 시절, 소세키가 도쿄고등사범학교 영어교사 자리를 박차고 나와 시코쿠의 작은 중학교 영어교사로 전격 부임한 것은 그녀의 결혼에 의한 실

유리문 안에서 95

연이라는 설도 있다) 씨였다는 것을 비로소 알아차렸다.

그로부터 며칠째 되는 날이었을까, 어느 자리에서 쿠스오 씨를 만났더니 그쪽에서 먼저 "지난번에는 실례가 많았습니다." 하고 말을 걸어 왔기에 나는 그때 내가 받은 느낌을 솔직하게 털어놓고 싶은 기분이 들었다.

"실은 어느 분이 저렇게 아름다울까 하고 쳐다보고 있었습니다. 기생이 아닐까도 생각했지요."

그때 쿠스오 씨가 뭐라고 대답했는지는 지금 확실히 기억할 수 없지만, 쿠스오 씨는 조금도 얼굴을 붉히지 않았다. 불쾌한 표정 또한 짓지 않았다. 내 말을 그저 있는 그대로 받아들인 것 같았다.

그 후 꽤 오래 지난 어느 날, 쿠스오 씨가 일부러 와세다의 우리 집까지 걸음을 한 적이 있다. 그런데 공교롭게도 그때 나는 집사람과 싸움을 하고 있었다. 나는 찌푸린 얼굴을 한 채 서재에 꼼짝 않고 앉아 있었다. 쿠스오 씨는 아내와 잠시 이야기를 나누고 돌아갔다.

그날은 그것으로 끝났으나 얼마 안 있어 나는 니시카다마치로 사과 차 찾아갔다.

"실은 부부 싸움을 하고 있었습니다. 집사람도 필경 무뚝뚝하게 대했겠지요. 저는 또 저대로 일그러진 얼굴을 보이는 게 실례일 것 같아서 그냥 서재에 들어앉아 있었습니다."

여기에 대한 쿠스오 씨의 인사도 지금은 아득한 과거로 변하여 다시는 되살릴 수 없을 만큼 기억의 저 밑바닥으로 가라앉아 버렸다.

쿠스오 씨가 죽었다는 소식을 들은 것은 분명 내가 위궤양으로 병원에 입원해 있던 무렵이었다. 부고 광고에 내 이름을 넣어도 괜찮겠느냐는 전화를 받은 것도 아직 기억하고 있다. 나는 병원에서 〈온 세상 국화를 모두 던지우리다 그대 관 속에 ある程の菊投げ入れよ棺の中〉라는 시 한 수를 지어 쿠스오 씨의 영전에 바쳤다. 그것을 하이쿠를 좋아하는 어떤 남자가 마음에 든다고 일부러 나에게 부탁해서 단자쿠에 써 가지고 간 것도 이미 아득한 옛일이 되어 버렸다.

26

 마스 씨가 왜 그렇게 영락해 버렸는지 나는 모르겠다. 어쨌든 내가 알고 있는 마스 씨는 집배원이었다. 마스 씨의 동생인 쇼 씨도 집이 망해서 우리 집으로 들어와 식객 노릇을 하고 있었지만 그래도 아직 마스 씨보다는 사회적 지위가 높았다. 그는 어린 시절 혼초의 어느 의약품 집에서 심부름을 해 주면서 지내고 있을 때 요코하마에 사는 어떤 서양인이 귀여워하여 같이 외국에 가자고 하는 것을 거절한 게 생각할수록 유감이라고 입버릇처럼 되뇌었다.

 두 사람 다 내 외가 쪽 사촌형뻘이 되는데, 그 연고로 마스 씨는 동생을 만나러, 또 어느 때는 우리 아버지에게 인사를 하러, 한 달에 한 번 꼴로 우시고메의 우리 집까지 과자꾸러미를 들고 찾아오곤 했다.

 마스 씨는 그 당시 시바에서 좀 떨어진 곳이라나 시나가와 근처라나 하는 곳에 집을 얻어 혼자 독신 생활을 하고 있었던 모양으로 우리 집에 오기만 하면 곧잘 묵어 가곤 했다. 어쩌다 돌아가려고 할라치면 형들이 달려들어서 "돌아가기만 해 봐, 그냥 안 둬."라고 위협하곤 했다.

당시 둘째형과 셋째형은 아직 남교南校(에도 막부가 설립한 양학교洋學校)에 다니고 있었다. 남교란 지금의 고등상업학교에 해당하는 것으로, 이곳을 졸업하면 개성학교開成學校, 즉 오늘날의 대학교에 들어갈 수 있는 자격이 주어졌던 것 같다. 형들은 밤이 되면 현관 마루방에 오동나무 책상을 나란히 놓고서 다음날 배울 공부의 예습을 했다. 예습이라고는 해도 지금 학생들이 하는 것과는 아주 달랐다. 굿리치의 〈영국사〉 같은 책을 한 줄씩 읽은 뒤 그 책을 책상 위에 엎어 놓고는 방금 읽은 것을 입속으로 암송하는 것이었다.

그 예습이 끝나면, 바야흐로 마스 씨가 필요하게 된다. 쇼 씨도 언제부터인지 거기에 얼굴을 내민다. 큰형도 기분이 좋을 때는 일부러 안에서 현관 마루방으로 나온다. 그러고는 모두 똘똘 뭉쳐서 마스 씨를 놀려 대기 시작한다.

"마스 씨, 서양 사람 집에 편지를 배달한 적도 있겠지?"

"그야 일이니까 싫어도 할 수 없죠. 하고말고요."

"마스 씨는 영어를 할 줄 알아?"

"영어를 할 줄 알면 이렇게 지낼 리 없죠."

"하지만 편지요!라든지 아무튼 뭐라고 큰 소리로 불러야 되잖아."

"그야 일본말로도 충분해요. 요즘은 외국인도 일본말을 알고 있으니까."

"정말? 그럼 저쪽에서도 뭐라고 일본어로 말해?"

"하고말고요. 페로리 부인 같은 사람은, 고마워요, 잘 부탁해요, 하고 똑똑하게 일본어로 인사를 할 정돈걸요."

모두 마스 씨를 여기까지 꾀어내 놓고는 한바탕 웃어 대는 것이다. 그리고 다시, "마스 씨, 뭐라고 한다고, 그 부인이?" 하고 몇 번씩 똑같은 것을 묻고는 마냥 웃음거리로 만들 궁리를 한다. 마스 씨도 나중에는 마침내 멋쩍은 웃음을 지으며 "잘 부탁해요."를 그만두고 만다. 그러면 이번에는 "자, 마스 씨, 노나카의 삼나무 한 그루를 한번 해봐." 하고 누군가가 말을 꺼낸다.

"하라고 그렇게 간단히 할 수 있는 게 아니라고요."

"뭐 아무래도 괜찮으니까 한번 해 봐. 마침내 노나카의 삼나무 한 그루가 있는 곳까지 이르자······."

마스 씨는 그래도 히죽히죽 웃기만 할 뿐 응하지 않는다. 나는 끝내 마스 씨의 그 노나카의 삼나무 한 그루라는 것을 못 듣고 말았다. 지금 생각해 보면 그것은 어쩌면 야담이나 인정 소설의 한 대목이 아니었을까 싶다.

내가 어른이 될 무렵에는 마스 씨도 어느덧 우리 집에 오지 않게 되었다. 아마 죽었으리라. 살아 있다면 어쨌든 무슨 소식이 있었을 터였다. 그러나 죽었다고 하더라도 언제 죽었는지 나는 모른다.

27

나는 연극이란 것을 별로 좋아하지 않는다. 더욱이 가부키 歌舞伎(16세기 말에 유행한 춤을 시작으로 발달한 일본의 대표적 전통 연극. 일본인의 연극적 표현법의 일체를 가지고 있다고 일컫는다. 선조 대대로 배우를 대물림하는 것과 출연자가 전부 남자로, 여장 女裝 배우가 있는 것도 특징의 하나다. 메이지 시대에는 신극新劇에 대비하여 구극舊劇이라고도 불렸다)는 전혀 모른다. 이것은 옛날부터 그 방면에서 발달해 온 연예상의 약속을 모르기 때문에 무대 위에서 전개되는 특별한 세계에 동화할 능력이 나에게 결여된 탓이라고 생각한다. 하지만 그것뿐만이 아니다. 내가 가부키를 보고 특히 이상하게 느끼는 것은, 배우가 자연과 부자연의 사이를 이도저도 아닌 채로 흘렁흘렁 연기한다는 점이다. 그것이 나에게 엉거주춤하다고 할까, 안정되지 않는 마음을 불러일으키는 것은 어쩌면 당연한 것인지도 모르겠다.

그러나 무대 위에 어린애가 나와서 높은 목소리로 슬프디 슬픈 이야기들을 읊어 댈 때는 나 같은 사람도 어느새 눈물이 비어져 나온다. 그러다간 금방 아아, 속았구나, 하고 후회한다. 어째서 그렇게 값싼 눈물을 흘렸을까 싶기도 하다.

"아무리 생각해도 속아서 우는 건 싫어." 하고 나는 누구에겐가 말했다. 연극광이었던 그 상대방은, "그게 선생님의 평소 태도시겠지요. 보통 때 눈물을 잘 안 보이시는 건 오히려 선생님의 가식이 아닐까요?"라고 지적했다.

나는 그 말에 승복할 수 없었기에 이것저것 예를 들어 그를 납득시키려고 하다 보니 화제가 어느새 그림 쪽으로 흘러갔다. 그 남자는 얼마 전, 미술협회 주최 전람회에 특별 찬조로 나온 자쿠주伊藤若沖(이토 자쿠주, 1716-1800. 에도 중기의 대표적 화가. 화조화花鳥畵와 수묵화水墨畵에 뛰어났다)의 그림을 보고 감격한 나머지, 그 그림에 대한 평론을 무어라 하는 잡지사에 들고 갔다는 소문이 있었다. 나는 그 군계도群鷄圖가 몹시 마음에 들지 않았으므로 여기에서도 연극과 똑같은 논쟁이 우리 둘 사이에 일어났다.

"도대체 자네한테 그림을 논할 자격이 있는가?"

나는 마침내 그를 매도했다. 그러자 이 한 마디가 빌미가 되어 그는 예술일원론藝術一元論을 주장하기 시작했다. 그의 주의주장을 요점만 추려서 이야기하자면, 모든 예술은 같은 근원에서 솟아나오기 때문에 그중 하나만 깊이 통달하면 다른 것은 저절로 알게 된다는 논리였다. 그 자리에 있던 사람들 가운데에는 그에게 동의하는 사람도 적지 않았다.

"그럼 소설을 쓰게 되면 유도도 자연히 잘할 수 있다는 말인가?"

반 농담조로 내가 말했다.

"유도는 예술이 아니잖습니까?"

상대방도 웃으면서 맞받았다.

예술은 평등관에서 출발하는 게 아니다. 설혹 거기에서부터 출발한다고 하더라도 차별관에 들어가서야 비로소 꽃이 피는 것이므로 그것을 본디대로 되돌려 놓는다면 그림이며 조각이며 글들은 완전히 무_無로 변해 버리고 말 것이다. 거기에 무슨 공통되는 게 있을 수 있으랴. 가령 있다고 하더라도 실제로는 아무 도움이 되지 않는다. 서로 공통되는 구체적인 것도 발견될 리 만무하다.

이러한 것이 그때의 내 논지였다. 그리고 그 논지는 결코 충분하다고 할 수는 없었다. 좀더 상대방의 주장을 받아들여서 주도면밀한 해석을 내릴 여지는 얼마든지 있었던 것이다.

그러나 그때 자리에 있던 어떤 사람이 갑자기 내 논리를 떠맡고서 상대방과 맞서는 바람에 나는 그만 번거로워져서 그냥 내버려 두고 말았다. 하지만 나를 대신한 그 남자는 상당히 취해 있었다. 그래서 예술이 뭐라는 둥 문예가 어떻다는 둥 끊임없이 떠들어 댔으나 무슨 말인지 종잡을 수 없었다. 혀도 잘 돌아가지 않았으므로 처음 한동안은 재미있어라 웃고 있던 사람들도 마침내는 입을 다물어 버렸다.

"그럼 절교하자고", 술 취한 남자가 마침내 내뱉었다. 나는, "절교를 하겠다면 바깥에 나가서 해 주게. 여긴 딴사람들한테 폐가 되니까." 하고 주의를 주었다.

"좋아, 그럼 바깥에 나가서 절교해 볼까?"

술 취한 남자가 상대방에게 제의를 했지만 상대방이 움직이지 않자 결국 그것으로 끝나고 말았다.

이것은 금년 설날에 있었던 일이다. 술 취한 남자는 그후로도 가끔 우리 집에 오지만, 그때 싸웠던 일에 대해서는 한마디도 하지 않는다.

28

어떤 사람이 우리 집 고양이를 보고 "이건 몇 대째 고양이입니까?" 하고 물었다. 나는 아무 생각 없이 "2대째입니다."

라고 대답했으나 나중에 생각해 보니 2대째는 벌써 옛날에 지나갔고 실은 3대째가 되어 있었다.

초대는 떠돌이 도둑고양이였음에도 불구하고 어떤 의미에서 꽤 유명했었지만 그와는 달리 2대째의 생애는 주인인 나조차 잊어버릴 만큼 단명했다. 나는 그 고양이를 누가 어디서 데려왔는지도 잘 모른다. 그러나 손바닥 위에라도 올려놓을 수 있을 만큼 작은 몸집으로 그가 내 곁을 돌아다녔던 당시를 아직 나는 기억하고 있다. 이 가엾은 동물은 어느 날 아침 집사람이 이부자리를 갤 때 실수하여 그만 밟아 죽이고 말았다. 끙 하는 소리가 들려 이불 밑에 기어들어가 있던 그를 꺼내어 백방으로 손을 썼지만 이미 늦었다. 그로부터 하루인가 이틀 후에 그는 죽어 버리고 말았다. 그 뒤에 온 게 바로 지금의 새까만 고양이다.

나는 이 검은 고양이를 귀여워하지도 미워하지도 않았다. 고양이 쪽에서도 집안을 어슬렁어슬렁 돌아다니기만 할 뿐, 별로 내 곁에 가까이 다가오려는 호의를 보인 적이 없다.

한번은 그가 부엌 찬장 속으로 기어들어가 냄비 속에 빠졌다. 그 냄비 속에는 참기름이 가득 들어 있었기 때문에 그의 몸뚱이는 마치 포마드라도 바른 것처럼 번쩍번쩍 빛나기 시작했다. 그는 그 번쩍이는 몸으로 내 원고지 위에 드러눕기까지 해서 기름이 원고지 바닥까지 줄줄 배어 들어 나를 상당히 곤란하게 했다.

작년, 내가 자리에 눕기 조금 전에, 그는 갑자기 피부병에 걸렸다. 얼굴에서부터 이마에 걸쳐 털이 점점 빠지기 시작했다. 그것을 또 연신 발톱으로 긁는 바람에 부스럼딱지가 떨어지고 빨간 살이 드러났다. 나는 어느 날 식사 중에 이 볼썽사나운 모습을 바라보고 얼굴을 찌푸렸다.

"저렇게 부스럼딱지를 흘리면 혹시 애들한테 전염이 될지도 모르니 빨리 병원에 데리고 가서 치료를 해 주라고."

나는 집사람에게 말은 이렇게 했으나, 속으로는 병이 병인만큼 완치는 어려울 거라고 생각했다. 옛날, 내가 알고 있던 어떤 서양 사람이 모 백작으로부터 혈통 좋은 개를 받아 귀여워했었는데 언제부터인지 이런 피부병으로 시달리게 되어 보다 못한 그가 의사에게 부탁하여 죽였다는 이야기를 나는 또렷이 기억하고 있었던 것이다.

"마취약인가 뭔가로 죽이는 쪽이 오히려 고통이 없어 행복

할지도 몰라."

나는 이 말을 몇 번씩 되풀이했으나 고양이가 아직 내 뜻대로 되지 않는 사이에 내 쪽이 그만 병으로 덜컥 드러눕고 말았다. 그리고 누워 있는 동안 나는 한 번도 그를 볼 기회가 없었다. 자신의 고통이 직접 자신을 지배하고 있는 탓인지, 그의 병을 떠올릴 여유조차 없었다.

10월로 접어들어서야 나는 겨우 일어났다. 그리고 여느때처럼 검은 그를 보았다. 그런데 참으로 신기하게도 그의 흉물스럽던 피부에 본래대로 새까만 털이 돋아나고 있었다.

"어, 다 나을 모양이네."

나는 병치레 뒤의 단조로운 눈길을 끊임없이 그에게로 쏟아부었다. 그러자 쇠약한 내 몸이 점점 회복되어 감에 따라 그의 털도 점점 짙어져 갔다. 그렇게 평소의 모습을 되찾더니 이번에는 전보다 살이 찌기 시작했다.

나는 자신의 병의 경과와 그의 병의 경과를 비교해 보고, 가끔 거기에 알 수 없는 어떤 인연이 있는 것 같은 암시를 받는다. 그러고는 또 얼른 별 바보 같은 생각을 다 한다고 미소 짓는다. 고양이 쪽에서는 그저 야옹야옹 울기만 하니 어떤 마음으로 있는지 나로서는 도무지 알 길이 없다.

29

 나는 부모님의 만년에 태어난, 말하자면 늦둥이다. 나를 낳았을 때 어머니는 이런 나이로 임신을 해서 남우세스럽다고 했다는 이야기가 지금도 이따금 입에 올려지고 있다.

 단지 그 까닭만은 아니겠으나 우리 부모님은 내가 태어나자 나를 어느 집에 수양아들로 주어 버렸다. 그 집이 물론 내 기억에 남아 있을 리 없지만, 어른이 된 후 들어 보니, 아무래도 고물장사를 하며 근근이 살아가고 있던 가난한 부부네 집이었던 것 같다.

 나는 작은 광주리 속에 뉘여 매일 밤 고물가게의 잡동사니와 함께 요츠야 야시장의 노점에서 밤바람을 맞으며 있었다고 한다. 그것을 어느 날 밤 누나가 무슨 일인가로 그 앞을 지나가다가 발견하고서 가엾게 여겨서였을까, 품에 싸안고 집으로 데리고 왔는데, 나는 그날 밤 잠을 안 자고 밤새도록 울어 대기만 해서 누나는 아버지에게 몹시 꾸중을 들었다고 한다.

나는 내가 언제쯤 생가에 되돌아왔는지 모른다. 그러나 곧 또 어느 집에 양자로 보내졌다. 그것은 분명 내가 네 살나던 해였다고 생각한다. 나는 철이 드는 8, 9세 때까지 그 집에서 자랐는데, 얼마 안 있어 양가養家에 묘한 분란이 생겨 다시 집으로 돌아오는 처지가 되었다.

아사쿠사에서 우시고메로 옮겨 온 나는 자기가 태어난 집으로 돌아왔다는 사실은 전혀 모른 채 자신의 부모를 그전처럼 조부모라고만 여기고 있었다. 그리고 여전히 그들을 할아버지 할머니라고 부르며 추호도 의심하지 않았다. 부모님들도 갑자기 지금까지의 습관을 바꾸는 게 어색하다고 생각했었는지, 나에게 그렇게 불리면서도 모른 척했다.

나는 세상의 보통 막내둥이들과는 다르게 부모로부터 결코 귀여움을 받지 못했다. 이것은 내 성질이 순직하지 않았다든지, 오랫동안 부모와 떨어져 있었다든지 하는 여러 가지

원인에서였을 것이다. 특히 아버지로부터는 오히려 가혹한 취급을 받았다는 기억이 아직도 나의 머릿속에 남아 있다. 그럼에도 불구하고 아사쿠사에서 우시고메로 옮겨 왔을 당시의 나는 왠지 몹시 기뻤다. 그리고 그 기쁨은 누구라도 금방 알아차릴 만큼 두드러지게 밖으로 드러났다.

바보 같은 나는 얼마 동안이나 친부모를 할아버지 할머니라고만 여긴 채 살았던 것일까. 그것을 물으면 전혀 대답할 길이 없으나, 아무튼 어느 날 밤 이런 일이 있었다.

내가 혼자 안방에서 자고 있는데 머리맡에서 낮은 목소리로 연신 내 이름을 부르는 사람이 있었다. 나는 깜짝 놀라 눈을 떴지만 사방이 깜깜해서 누가 거기에 웅크리고 앉아 있는지 도무지 판단이 서지 않았다. 하지만 나는 어린애였으므로 그저 가만히 그쪽에서 말하는 것만을 듣고 있었다. 듣고 있노라니, 그게 다름 아닌 우리 집 하녀 목소리라는 것을 알아차릴 수 있었다. 하녀는 어둠 속에서 나에게 귓속말하듯 이렇게 속삭이는 것이었다.

"도련님, 도련님이 할아버지 할머니라고 생각하고 계시는 분은 정말은 도련님 아버지와 어머니세요. 조금 전에 말이죠. 아마 그래서 저렇게 이 집을 좋아하는 모양이야, 참 묘하지, 하고 두 분이 말씀하시는 걸 제가 들었기 때문에 살짝 도련님한테 알려 드리는 거예요. 아무한테도 말씀하시면 안 돼요. 아셨지요?"

나는 그때 그냥 "응, 아무한테도 말하지 않을게." 하고 말했을 뿐이었지만, 마음속으로는 굉장히 기뻤다. 그리고 그 기쁨은 사실을 가르쳐 준 데서 오는 기쁨이 아니라, 단지 하녀가 나에게 친절한 데서 오는 기쁨이었다. 그런데 이상하게도 나는 그토록 나를 기쁘게 해 주었던 하녀의 이름과 얼굴을 완전히 잊어버리고 말았다. 기억하고 있는 것은 오직 그 사람의 친절 그것뿐이다.

30

내가 이렇게 서재에 앉아 있노라면, 찾아오는 사람들마다

"병환은 이제 다 나으셨습니까?" 하고 묻는다. 나는 똑같은 질문을 몇 번씩이나 받으면서, 그때마다 머뭇거리다 결국엔 언제나 똑같은 말을 되풀이하게끔 되어 버렸다. 그것은 "예, 뭐 그럭저럭 살고 있습니다."라는 이상한 인사였다.

그럭저럭 살고 있다. 나는 이 한마디를 한참 동안 사용했다. 그러나 사용할 때마다 왠지 온당하지 않다는 기분이 들어서 실은 내 스스로도 그만둬야겠다고 벼르고 있었으나, 달리 자신의 건강 상태를 표현할 만한 적당한 말이 아무리 생각해 봐도 떠오르지 않았다.

어느 날 T군이 찾아온 자리에서 이 이야기를 한 끝에 나았다고도 할 수 없고 낫지 않았다고도 할 수 없으니 뭐라고 대답해야 좋을지 모르겠다고 했더니, T군은 얼른 이런 대답을 하는 것이었다.

"그야 물론 다 나았다고는 말씀 못하실 테죠. 그렇게 자주 재발을 하시니. 뭐, 원래의 병이 계속되고 있는 거예요."

이 계속이라는 말을 들었을 때, 나는 좋은 것을 배웠다는 기분이 들었다. 그래서 그 뒤로는 "뭐 그럭저럭 살고 있습니다."라는 인사를 그만두고 "병은 아직 계속 중입니다."라는 말로 바꾸었다. 그리고 그 계속이란 의미를 설명해야 할 경우에는 반드시 유럽의 대란을 예로 들먹였다.

"나는 마치 독일이 연합군과 전쟁을 하고 있는 것처럼 병마와 전쟁을 하고 있습니다. 지금 이렇게 당신과 마주앉을 수 있는 건 천하가 태평해졌기 때문이 아니고 참호 속에 들어가 병마와 대치하고 있기 때문입니다. 내 몸은 난세亂世입니다. 언제 어떤 일이 생길지 모릅니다."

어떤 사람은 내 설명을 듣고 재미있다는 듯 하하 웃었다. 어떤 사람은 잠자코 있었다. 또 어떤 사람은 안쓰러운 얼굴을 지었다.

손님이 돌아간 뒤 나는 또 생각했다. ― 계속 중인 것은 아마 내 병만이 아닐 것이다. 내 설명을 듣고 우스갯소리라고 여겨 웃는 사람, 못 알아들어 잠자코 있는 사람, 동정이 일어 안쓰러운 표정을 짓는 사람 ― 이런 모든 사람들의 마음속 저 깊숙이에는 내가 모르는, 또 자신들조차 미처 깨닫지 못하는 계속 중인 것들이 수없이 잠재해 있는 건 아닐는지. 가슴을 울릴 만큼 큰 소리로 그것들을 단숨에 파열시킨다면 그들은 과연 어떻게 생각할까? 기억은 그 순간 이미 그들에게 아무 말도 하지 않겠지. 과거의 자각은 이미 사라져 버리고 없겠지. 지금과 옛날과 또 그 옛날 사이의 그 어떤 인과因果도 인정할 줄 모르는 그들이 그런 결과 앞에 섰을 때, 과연 그들은 자기 자신을 무엇이라고 해석할 수 있을까. 결국 우리들은 제각기 꿈 속에서 제조한 폭탄을 소중히 껴안고 너나없이 죽음이라는 먼 곳으로 담소를 나누면서 걸어가고 있는 게 아닐까. 다만 어떤 것을 껴안고 있는지는 너도 모르고 나도 모르기 때문에 행복한 것일지도 모르겠다.

나는 내 병이 계속 중이라는 점을 깨달았을 때, 유럽의 전쟁도 어쩌면 먼 옛날부터 계속된 것인지도 모르겠다는 생각을 했다. 하지만 그게 어디서 어떻게 시작되어, 또 어떻게 변화해 갈 것인지 하는 문제에 다다르면 그 방면엔 전혀 아는 바가 없기 때문에, 계속이라는 말을 이해하지 못하는 보통 사람들을 나는 오히려 부럽게 여기고 있다.

31

내가 아직 초등학교에 다니고 있었을 무렵, 키이짱(짱은 씨, 군보다 더 다정한 일본의 독특한 호칭)이라는 사이좋은 친구가 있었다. 키이짱은 당시 나카초의 삼촌네 집에 살고 있었기 때문에, 좀 떨어진 거리에 있던 우리 집 쪽에서는 매일 그를 만나러 갈 수가 없었다. 나는 주로 내 쪽에서는 가지 않고 키이짱 쪽에서 오기를 집에서 기다리고 있었다. 키이짱은 아무리 내가 가지 않더라도 반드시 제 편에서 먼저 오곤 했다. 그리고 올 때마다 그가 들르는 곳은 우리 집 한편을 빌려 종이랑 붓을 파는 마츠 씨네 집이었다.

키이짱에게는 부모가 없는 것 같았지만 어린 나에게는 그것이 전혀 이상하게 생각되지 않았다. 아마 물어본 적도 없었으리라. 따라서 키이짱이 왜 마츠 씨네 집에 오는지 그 이유조차도 모르고 있었다. 훨씬 뒤에 들은 이야기인데, 이 키이짱의 아버지라는 사람은 옛날에 은화 주조 발행소에서 직원인지 뭔지를 하고 있었을 때, 위조 화폐를 제조했다는 혐

의로 투옥되어 감옥 안에서 죽었다고 한다. 그래서 혼자가 된 키이짱의 어머니가 키이짱을 시댁에 맡긴 채 마츠 씨와 재혼했기 때문에 키이짱이 때없이 생모를 만나러 오곤 했던 것이다.

아무것도 모르는 나는, 이 사연을 들었을 때조차 별반 이상하게 생각하지 않았을 정도였다. 키이짱과 뒤엉켜 장난을 치며 놀 때는 물론 그의 처지 같은 것을 생각했을 리 없다.

키이짱도 나도 한학漢學을 좋아했기 때문에 알지도 못하는 주제에 곧잘 글에 대한 토론 등을 하며 재미있어 했다. 그는 어디서 듣고 또 어떻게 조사해 오는지 어려운 한서漢書 이름을 줄줄 들먹여 나를 놀라게 하는 일이 많았다.

그는 어느 날 내 방과 다름없는 현관 마루방에 올라오더니 품속에서 두 권으로 되어 있는 책을 꺼내 보였다. 그것은 분명 사본寫本이었다. 게다가 한문으로 쓰여 있었던 것으로 기억한다. 나는 키이짱으로부터 그 책을 받아들고 아무 의미 없이 여기저기를 뒤적거려 보았다. 실은 뭐가 뭔지 나로서는 전혀 몰랐던 것이다. 그러나 키이짱은, 그걸 알고 있느냐, 어떠냐? 하고 노골적으로 묻는 성격이 아니었다.

"이건 오타 남보太田南畝(1749-1823. 에도 후기의 작가. 본명은 단覃, 호는 촉산인蜀山人. 오타의 오太는 오大를 잘못 표기한 것이다)의 자필인데 말이야. 내 친구가 이걸 팔고 싶다고 하길래 너한테 보여 주려고 가져왔어. 사 주지 않을래?"

나는 오타 남보라는 사람을 알지 못했다.

"오타 남보라니? 도대체 누구야?"

"촉산인蜀山人 말야. 그 유명한 촉산인."

무식한 나는 촉산인이라는 이름조차 아직 모르고 있었다. 하지만 키이짱에게서 그렇게 듣고 보니 왠지 귀중한 책처럼 여겨졌다.

"얼마에 팔 건데?"

"50전은 받아야겠대. 어때?"

나는 생각했다. 그리고 어쨌든 한번 깎아 보는 게 상책이라는 생각이 들었다.

"25전이라면 살 수도 있어."

"자, 그럼 25전이라도 괜찮으니까 사 줘."

키이짱은 이렇게 말하며 나에게서 25전을 받아 놓고 나서는 다시 그 책의 진가眞價에 대해서 늘어놓기 시작했다. 그 책을 전혀 모르는 나로서는 그렇게 기쁘다는 느낌은 없었지만, 어쨌든 손해는 아닐 거라는 정도의 만족은 있었다. 나는 그날 밤 남보 유겐南畝宝言(1817년 남보가 쓴 고증 수필집考證隨筆集. 2권으로 되어 있다), 분명 이런 제목이었다고 기억하는데, 그것을 책상 위에 올려놓고 잠이 들었다.

32

이튿날이 되자, 키이짱이 또 불쑥 찾아왔다.

"있잖아, 어제 네가 산 책 얘긴데 말이야."

키이짱은 이렇게 뜸을 들인 후 내 얼굴을 바라보며 우물쭈물하고 있었다. 나는 책상 위에 놓인 책에 눈길을 주었다.

"저 책 말야? 저 책이 뭐 어떻게 됐어?"

"실은 그 집 아버지한테 들켜 가지고 그 애 아버지가 노발대발하신다고, 꼭 그 책을 돌려받아 오라고 친구가 나한테 사정하는 거야. 나도 일단 너한테 넘긴 거여서 싫었지만 할 수 없어서 다시 왔어."

"책을 가지러 말야?"

"가지러 왔다기보다, 만일 너한테 별 지장이 없다면 돌려주지 않을래? 무엇보다도 25전으로는 너무 싸다고 하니까."

이 마지막 한마디로, 나는 지금까지 싸게 샀다는 만족 뒤에 어렴풋이 숨어 있던 불쾌 — 선하지 못한 행위에서 일어나는 불쾌 — 를 똑똑하게 자각하기 시작했다. 그리고 한편으로는 간교한 자신에 대한 분노와 함께 25전에 판 상대방에 대한 분노가 일었다. 이 두 분노를 어떻게 동시에 삭일 수 있을까. 나는 쓰디쓴 얼굴로 한동안 말을 잃었다.

내 이 심리 상태는, 지금의 내가 어릴 적의 자신을 회고하며 해부하는 것이기 때문에 비교적 명료하게 그려 낼 수 있지만 그 당시 상황의 나로서는 거의 알 수 없는 것이었다. 본인인 나 자신조차 그저 씁쓸한 얼굴을 했다는 결과밖에는 자각하지 못했던 만큼 상대방인 키이짱이 물론 그 이상을 알리 없었다. 내놓고 할 얘기는 아닐지 모르지만, 나이를 먹은 지금도 나에게는 이런 현상이 자주 일어난다. 그래서 걸핏하면 남에게 오해를 받곤 한다.

키이짱은 내 얼굴을 보고 "25전으로는 정말 너무 싸다는 거야."라고 말했다.

나는 갑자기 책상 위에 올려놓았던 책을 집어들어 키이짱 앞으로 불쑥 들이밀었다.

"그럼, 돌려줄게."

"정말 미안해. 어쨌든 그 애 책이 아니니까 어쩔 수 없어. 그 집 아버지가 옛날부터 가지고 있던 걸 살짝 내다 팔아서 용돈으로 쓰려고 했다는 거야."

나는 잔뜩 골이 나서 아무 말도 하지 않았다. 키이짱이 호주머니에서 25전을 꺼내 내 앞에 놓았지만 나는 그것에 손도 대려고 하지 않았다.

"그 돈이라면 안 받아."

"왜?"

"왜든 뭐든 안 받아."

"그래? 하지만 좀 우습잖아. 그냥 책만 돌려준다는 건. 책을 돌려줄 거라면 25전도 받아야지."

나는 더 이상 참을 수가 없었다.

"책은 내 거야. 일단 산 이상은 누가 뭐라든 내 책이라고."

"그건 그래. 하지만 저쪽 집에서도 야단이 났으니까……."

"그러니까 돌려준다고 하잖아. 그렇지만 그렇게 갖고 싶어 한다면 주겠다 이거야. 줄 테니까 책만 갖고 가면 되잖아."

"그래? 그렇다면 그렇게 하지 뭐."

키이짱은 마침내 책만 가지고 돌아갔다. 그리고 나는 아무 의미도 없이 25전이라는 용돈을 빼앗겨 버렸던 것이다.

33

이 세상을 살아가는 한 인간으로서 나는 혼자 고립해서 살아갈 수 없다. 저절로 남들과 교섭할 필요가 반드시 생기게 마련이다. 사철 문안인사, 거래, 더욱 복잡하게 얽히는 흥정 관계—이런 것들로부터 벗어나기란 제 아무리 고담古談한 생활을 보내고 있는 나로서도 역시 어려운 일인 것이다.

나는 남이 말하는 것을 무엇이든지 전부 곧이곧대로 받아들여 그들의 언동을 모두 그 정면에서 해석해야 하는 것일까. 내가 천성적인 이 단순한 성품에 자신을 맡긴 채 조금도 자기를 뒤돌아보지 않는다면, 나는 가끔 엉뚱한 사람에게 속아 넘어가는 일이 있을 것이다. 그 결과 뒤에서 바보 취급을 당하거나 비난을 받기도 할 것이다. 극단적인 경우에는 면전에서까지 참을 수 없는 모욕을 당하지 않는다고도 장담할 수 없다.

그렇다면 사람은 모두 다 닳고닳은 거짓말쟁이라고 단정해 버리고는 처음부터 상대방의 말은 들으려고도 않고, 마음도 주지 않으면서 그 이면에 숨어 있을 듯한 반대 의미만을 가슴에 새긴 채 그것으로 자신을 현명한 사람이라고 여기며 거기에서 자기 만족과 마음의 안주를 찾아낼 수 있을까. 만약 그렇다고 한다면, 나는 사람을 자칫 오해하지 않는다고 장담할 수 없다. 게다가 무서운 과실을 범할 각오를 처음부터 가정하고 덤벼들지 않으면 안 될 것이다. 때로는 필연적인 결과로서, 죄없는 사람을 모욕할 정도로 후안무치의 얼굴도 준비해 두지 않으면 일이 곤란해진다.

태도를 이 양쪽 중 어느 한쪽에 서서 처신하려고 들면 내 마음속에는 다시 일종의 고민이 일어난다. 나는 나쁜 사람을 믿고 싶지 않다. 그리고 내 앞에 나타나는 사람들이 한결같이 악인이라고도, 또 한결같이 선인이라고도 생각하지 않는다. 그렇다면 내 태도도 상대방에 따라 여러 가지로 변해야만 하는 것이다.

이 변화는 누구에게나 필요한 것이고 또 누구나 실행하고 있으리라고는 생각되지만, 과연 그것이 상대방에게 딱 들어맞아 한 치의 틀림도 없는 미묘하고 특수한 선 위를 무난하게 걷고 있는 것일까. 내 큰 의문은 항상 거기서 복잡하게 뒤엉킨다.

나의 곡해曲解는 일단 접어 두고, 나는 과거에 많은 사람으로부터 바보 취급을 당했다는 씁쓸한 기억을 갖고 있다. 동시에 상대방의 말이나 행동을 일부러 쉽게 받아들이지 않고 은연중에 그 사람의 품성에 창피를 주는 것 같은 해석을 한 경험도 많이 있었으리라 생각한다.

다른 사람에 대한 나의 태도는 우선, 지금껏 겪은 자신의 경험에서 나온다. 그리고 앞뒤 관계와 주위의 상황에서 비롯 된다. 마지막으로는, 애매한 말이기는 하지만, 내가 하늘로부터 점지받은 직감이 얼마쯤 작용한다. 그리고 상대방에게 바보 취급을 당하거나 또는 상대방을 바보 취급하거나, 드물게는 상대방에게 걸맞은 대우를 해 주기도 한다.

그러나 지금까지의 내 경험이라고 하는 것은 넓은 것 같으면서도 사실은 몹시 좁다. 게다가 대부분 어떤 한 사회의 일부분에서 수없이 되풀이된 경험이어서 다른 사회의 일부분으로 가지고 갔을 때 전혀 통용되지 않는 경우가 허다하다. 앞뒤 관계라든지 주위 상황 같은 것이 천차만별이기 때문에 그 응용 범위가 한정되어 있을 뿐만 아니라 두루 마음을 헤아리지 않으면 아무 쓸모가 없게 된다. 더욱이 마음을 헤아리는 시간이나 재료가 충분하지 않은 경우도 많다.

그래서 나는 어쩌면 사실인지 아닌지 알 수 없는 극히 위태로운 자신의 직감이란 것에 의지해서 다른 사람을 판단하고 싶어진다. 그리고 내 직감이 과연 맞았는지 틀렸는지, 요컨대 객관적 사실에 의거해서 그것을 확인할 기회가 없을 때가 많다. 거기에 또 내 의심이 시종 안개처럼 끼어서 내 마음을 괴롭히고 있다.

이 세상에 전지전능하신 신神이 있다면 나는 그 신 앞에 무릎을 꿇고서 나에게 티끌만 한 의심도 끼어들 여지가 없을 만큼 밝고 맑은 직감을 주시어 나를 이 괴로움으로부터 해탈시켜 주기를 기도한다. 그렇지 않으면 불민한 내 앞에 나타나는 모든 사람들을 맑고 향기롭고 정직한 사람으로 변화시켜, 나와 그 사람의 영혼이 하나로 만나는 행복을 내려 주기를 기도한다. 지금의 나는 바보라서 사람들에게 속거나, 혹은 의심이 많아 사람을 받아들일 수 없거나, 이 두 가지밖에 없는 것 같은 기분이 든다. 그래서 불안하고 불투명하고 불유쾌한 것으로 가득 차 있다. 만일 이것이 평생 계속된다면 인간이란 얼마나 불행한 존재일까.

34

　내가 대학에 있을 때 가르친 적이 있는 어느 문학사가 찾아와서 "선생님, 며칠 전에 고등공업학교(현재의 도쿄 공업대학의 전신前身)에서 강연을 하셨다면서요?" 하고 묻기에, "응, 했지."라고 대답했더니, 그가 "무슨 말인지 통 몰랐다고 하던데요." 하고 일러 주었다.

그때까지 자신이 말한 것에 대해 그런 쪽으로 전혀 신경을 쓴 적이 없었던 나는 그의 말을 듣자 의외의 느낌을 받았다.

"자네는 어떻게 해서 그런 걸 알고 있나?"

이 의문에 대한 그의 설명은 간단했다. 친척인지 친구인지 알 수 없지만, 어쨌든 그와 관계 있는 어느 집 청년이 그 학교에 다니고 있는데 그날 내 강연을 들은 결과를, 무슨 말인지 통 모르겠다는 말로 그에게 전했다는 것이다.

"대체 어떤 걸 강연하셨습니까?"

나는 앉은 자리에서 그를 위해 다시 그 강연의 개요를 되풀이했다.

"별로 어려운 말도 아니잖은가. 어째서 그걸 모른다는 것일까?"

"모를 거예요. 어차피 알기는 힘들걸요."

나에게는 그의 이 단호한 대답이 자못 이상하게 들렸다.

그러나 그보다도 더욱 세차게 내 가슴을 친 것은, 그만두었더라면 좋았을걸 하는 후회스런 생각이었다. 자백하건대, 나는 그 학교로부터 여러 번 강연 의뢰를 받았고 그때마다 거절해 왔던 것이다. 그러므로 그것을 마침내 승낙했을 때에는 어떻게든 그곳에 모이는 청중들에게 한껏 유익함을 안겨주고 싶다는 희망이 있었다. 이 희망이 "어차피 알기는 힘들걸요."라는 간단한 그의 말 한마디로 무참하게 짓뭉개져 버리고 보니, 나는 일부러 그 학교가 있는 아사쿠사까지 갈 필요가 없었다고 자신을 되돌아보지 않을 수 없었다.

벌써 1, 2년 전에 있었던 묵은 이야기인데 작년 가을, 또 어느 학교에 의리상 꼭 강연을 해 주어야 할 처지가 되어 결국 그곳에 가게 되었을 때, 나는 문득 나를 후회하게 했던 그 전해의 일을 떠올렸다. 게다가 그날 내가 논한 주제가 젊은 청중들에게 오해를 불러일으키기 쉬운 내용도 있고 해서 나는 연단을 내려서기 직전에 이렇게 말했다.

"아마 오해는 없을 줄 믿지만, 제가 지금 말한 것 가운데 잘 모르는 데가 있다면 사양 말고 저희 집으로 와 주십시오. 가능한 한 여러분들이 납득할 수 있도록 설명해 드릴 작정이니까요."

당시의 나는 이 말이 어떤 식으로 반향을 불러일으킬지, 거기에 대한 예상은 거의 없었던 것 같다. 그러나 그로부터 4, 5일 지나 세 청년이 내 서재를 들어온 것은 사실이다. 그 가운데 두 사람은 전화로 내 형편을 물어 왔다. 한 사람은 정중한 편지로 면회 시간을 마련해 달라고 부탁해 왔다.

나는 흔쾌히 그 청년들을 만났다. 그리고 그들이 찾아온 뜻을 확인했다. 한 사람은 예상대로 내 강연의 내용에 대해 질문하기 위해서였지만 나머지 두 사람은 뜻밖에도 그들의 친구가 그 가정에 대해 취해야 할 방침 중 의심나는 점을 내게 묻기 위해서였다. 따라서 이것은 내 강연을 실제로 어떻게 실사회에 응용해야 좋을까 하는, 바야흐로 그들의 목전에 닥친 문제를 해결해 보고자 찾아온 것이었다.

나는 이 세 사람을 위해서, 내가 말할 수 있는 것을 말해 주고, 설명할 수 있는 것을 설명해 준 셈이다. 그것이 그들에게 어느 정도 도움을 주었는지, 결과부터 말한다면, 말한 나로서도 모른다. 하지만 그렇게 한 그것만으로도 나는 만족스러웠다.

"당신의 강연은 모르겠다고 합니다."라는 말을 들었을 때 보다 훨씬 만족스러웠다.

(이 원고가 신문에 난 며칠 뒤, 나는 고등공업학교 학생들로부터 네댓 통의 편지를 받았다. 그들은 모두 내 강연을 들은 학생들로 하나같이 내가 여기에서 말한 실망을 지워 버릴 만한 사실을 반증으로서 써 보내 주었다. 그러므로 그 편지는 모두 호의에 차 있었다. 어째서 학생 하나가 말한 것을 가지고 청중 전체의 의견인 양 속단하는가, 하는 힐문적인 내용은 단 하나도 없었다. 그래서 나는 여기에 한마디를 덧붙여 나의 불민함을 사과하고, 더불어 내 오해를 바로잡아 준 사람들의 친절을 고맙게 여기는 뜻을 널리 공표하는 바이다.)

35

나는 어린 시절 곧잘 니혼바시의 세토모노초에 있는 이세모토라는 요세에 야담을 들으러 갔다. 지금의 미쓰코시 백화

점 맞은편에 언제나 낮 공연 간판이 걸려 있었고, 그 모퉁이를 돌아가면 바로 오른쪽으로 요세가 있었다.

이 요세는 밤이 되면 이로모노色物(요세에서 행해지는 연예 가운데 야담·죠루리淨瑠璃 등에 대한 라쿠고·온교쿠音曲·춤·요술 등을 총칭한다)밖에 공연하지 않았기 때문에, 나는 낮 이외에는 발길을 한 적이 없지만 횟수로 말하자면 제일 많이 다닌 곳이라고 할 수 있겠다. 당시 내가 살았던 동네는 물론 다카다의 바바 구석이 아니었다. 그러나 아무리 지리적으로 편리했다 하더라도 어째서 그렇게 야담을 들으러 갈 시간이 내게 있었는지 지금 생각해 보면 오히려 이상할 정도이다.

이것도 지금으로부터 먼 과거를 되돌아보는 탓이기도 하겠지만, 거기는 요세 치고는 오히려 고상한 기분을 손님에게 불러일으키도록 꾸며져 있었다. 우선 야담가가 앉는 고좌高座 오른편에는 계산대 칸막이 같은 격자 무늬의 칸막이가 양 옆으로 세워져 있고 그 안에 단골손님의 자리가 마련돼 있었다. 그리고 고좌 뒤편에는 툇마루가 있고 그 앞이 또 아담한 정원으로 꾸며져 있었다. 정원에는 묵은 매화나무가 우물 위로 비스듬하게 가지를 뻗고 있기도 하여, 옹색하지 않을 만큼 트인 하늘과 어울려 넉넉한 분위기를 풍겨 주고 있었다. 그 뜰 동쪽으로는 또 별채 같은 건물도 보였다.

단골손님 자리에 앉아 있는 사람들은 시간이 남아도는 팔자 좋은 사람들이었으므로 모두 그에 걸맞는 옷차림을 하고 있었고, 어떤 손님은 느긋하게 품속에서 족집게 같은 것을 꺼내어 연신 코털을 뽑고 있기도 했다. 그런 한가로운 날에는 정원의 매화나무에 휘파람새가 날아와 지저귀는 듯한 기분마저 들었다.

휴식 시간이 되면 차를 파는 남자가 과자상자를 손님들 사이사이에 골고루 놓고 다녔다. 상자는 얄팍한 직사각형으로, 누구라도 원하는 손님이 손만 뻗치면 금방 닿도록 알맞게 놓이는 것이다. 과자는 한 상자에 열 개 꼴로 들어 있었다고 생각되는데, 그것을 먹고 싶은 만큼 집어먹은 뒤 돈은 나중에 상자 속에 넣는 게 무언의 규약처럼 되어 있었다. 나는 그 시절 이 습관을 무슨 신기한 것이라도 보는 듯 흥미롭게 바라보곤 했는데, 지금은 어떤 요세에 가더라도 이런 넉넉하고 느긋한 기분을 맛볼 수 없으리라고 생각하니 그게 또 왠지 몹시 그리워진다.

나는 그런 푸근하고 고색창연한 공기 속에서 예스러운 야담이란 것을 여러 사람들로부터 들었다. 그 가운데는 스토토코, 논논, 즈이즈이라는 묘한 말을 쓰는 남자도 있었다. 이 사람은 다나베 난류田邊南龍(생년 미상-1884. 2대째의 다나베 난류. 논논 즈이즈이를 입버릇처럼 썼기 때문에 논논 난류라고 불렸다)라는 야담가로 원래는 어딘가의 요세에서 신발을 지키는 일을 했다고 한다. 그 스토토코, 논논, 즈이즈이는 굉장히 유명한 말이었지만, 그 의미를 아는 사람은 아무도 없었다. 그는 단지 그것을 병사가 물밀 듯 밀어닥칠 때 쓰는 형용사로서 표현했던 것 같다.

이 난류는 이미 옛날에 죽고 없다. 그 밖의 사람들도 대부분은 죽어 버렸다. 그 뒤의 일들을 전혀 모르는 나로서는 그 옛날 나를 기쁘게 해 주었던 사람들 중에 지금 살아 있는 사람이 과연 몇이나 되는지 전혀 알지 못한다.

그런데 언젠가 미음회美音會(1907년부터 개최된, 일본 전통 음악에 서양 음악을 접목시킨 음악회. 주창자는 순정조純正調 오르간의 발명 등으로 널리 알려진 이학박사 다나카 쇼헤이田中正平)의 망년회가 있었을 때 그 프로그램을 보았더니 요시와라吉原(에도 시대, 도쿄에 있던 유곽으로 관官의 허가를 받고 매음 행위를 했다)의 다이코 모치(연회석에서 어릿광대 짓으로 손님의 흥을 돋우는 것을 직업으로 한 남자)를 각색했다는 둥 뭐라는 둥 설명이 적힌 가운데 나는 단 한 사람 당시의 사람을 찾아냈다. 나는 신토미좌新富座로 가서 그 사람을 보았다. 또 그 소리를 들었다. 그리고 그의 얼굴이며 소리가 옛날과 조금도 변하지 않은 데 놀랐다. 그의 야담도 그야말로 옛날 그대로였다. 진보도 없는 대신 퇴보도 없었다. 20세기의 급격한 변화를 자신과 자신의 주위에서 무서우리만치 의식하고 있던 나는, 그 앞에 앉아서 끊임없이 그와 나를 마음속으로 비교해 보며 일종의 묵상에 빠져들고 있었다.

내가 그라고 부르는 사람은 바킨(다카라이 바킨宝井馬琴, 1852-1928. 메이지 · 다이쇼 시대, 무예물武藝物 야담으로 유명했다)으로, 옛날 이세모토에서 난류 밑에서 막간에 잠깐 출연했던 무명 시절에는 긴료라고 불리던 약관의 젊은이였다.

36

 우리 큰형은 아직 대학으로 개편되기 전의 개성학교에 다니고 있었는데, 폐가 좋지 않아 도중에 그만두고 말았다. 나와는 나이 차이가 많아서 형제로서의 친밀함보다 어른 대 아이로서의 관계 쪽이 더 내 머릿속에 박혀 있다. 특히 야단이라도 맞는 날에는 그러한 느낌이 더욱 강하게 나를 사로잡았던 것 같다.

 형은 하얀 피부에 오뚝한 콧날을 한 미남자였다. 그러나 얼굴 생김새하며 표정하며가 어딘지 딱딱한 인상이어서 함부로 가까이 갈 수 없는 분위기를 남들에게 풍겼다.

 형이 재학할 당시에는 아직 지방에서 뽑혀 올라온 관비 장학생이 있었기 때문에, 지금 청년들로서는 상상도 할 수 없는 기풍이 교내 이곳저곳에 남아 있었던 것 같다. 형은 어떤 상급생으로부터 연애편지를 받았다고 내게 말한 적이 있다. 그 상급생이란 형보다 훨씬 나이가 위인 남자였던 모양이다. 그런 예가 전혀 없는 도쿄에서 자란 형은 과연 그 편지를 어떻게 처리했을까. 형은 그 이후 학교 목욕탕에서 그 남자와 얼굴이 마주칠 때마다 거북한 생각이 들어 쩔쩔맸다고 한다.

학교를 그만둘 무렵의 형은 몹시 고지식한데다가 항상 딱딱하게 굳어 있었기 때문에 아버지나 어머니도 은연중 그에게 마음 쓰는 눈치였다. 게다가 아픈 탓도 있었겠지만 항상 미간을 찌푸린 채 음울하게 집 안에만 틀어박혀 있었다.

그것이 언제부터인지 풀려 사람됨이 부드러워졌는가 싶더니, 이번에는 툭하면 고와타리도우잔古渡唐棧(중세 무로마치 시대, 또는 그 이전에 외국에서 건너온 것의 총칭. 주로 옷감·그릇 등으로, 귀중한 것으로 여겨졌다) 옷에 폭좁은 오비(일본 옷을 입을 때 허리 근처에 감아 묶는 좁고 긴 띠)를 두르고 저녁부터 집을 비우기 시작했다. 때때로 보라색 거북 등딱지 모양이 잔뜩 그려진, 가메세이龜淸란 요정의 부채가 방 안에 굴러다니기도 했다. 그것만이라면 그래도 괜찮겠으나, 그는 화로 앞에 앉아서 열심히 목청을 가다듬기 시작하는 것이었다. 하지만 식구들은 누구 하나 거기에 별로 신경을 쓰지 않았다. 나도 물론 태평이었다. 그 성대 연습과 동시에 도하치켄(두 사람이 마주앉아서 여우, 촌장, 대포 등으로 정해진 손짓을 하며 승부를 겨루는 주먹놀이의 일종이다)도 시작되었다. 그러나 이쪽은 상대방이 있어야 했으므로 그렇게 매일밤 되풀이되지는 못했다. 그렇기는 해도 서툴기 짝이 없는 솜씨로 손을 들어올렸다 내렸다 하며 열심히 하고 있었다. 상대 역할은 주로 셋째형이 맡고 있었던 것 같다. 나는 진지한 얼굴로 그저 바라보기만 할 뿐이었다.

이 형은 결국 폐병으로 죽고 말았다. 죽은 것은 분명 1887년으로 기억한다. 그런데 장례식도 끝나고 문상객도 거의 발길을 하지 않을 무렵쯤 한 여자가 찾아왔다. 셋째형이 나가서 만났는데 여자가 이런 것을 물었다고 한다.

"형님은 돌아가실 때까지 설마 혼자는 아니셨겠지요?"

큰형은 병 때문에 결혼을 하지 않았다.

"아뇨. 마지막까지 독신으로 지내셨습니다."

"그걸 들으니 겨우 마음이 놓이는군요. 저 같은 거야 어차피 남편 없이는 살아갈 수 없을 테니까 할 수 없습니다만……."

형의 유골이 안치된 절 이름을 물어가지고 돌아간 그 여자는 일부러 먼 고슈(甲州)에서 올라온 모양인데 지난날 야나기바시에서 기생으로 있었을 때 형과 관계가 있었다는 이야기를 나는 그때 처음으로 들었다.

  나는 가끔 그 여자를 만나 형에 대한 이야기를 나누어 보고 싶다는 생각을 안 해 본 것은 아니다. 그러나 만나 보면 아마도 분명 할머니가 되어 옛날과는 전혀 다른 얼굴을 하고 있을 것이라는 생각이 든다. 그리고 마음 또한 그 얼굴처럼 주름이 접혀 파삭파삭 메말라 있지 않을까, 하고도 생각한다. 만일 그렇다면, 그 여자가 지금 와서 새삼스레 동생인 나를 만난다는 것은 그 자신에게 오히려 괴롭고 슬픈 일이 될지도 모르겠다.

37

  나는 우리 어머니를 기리기 위해서 무엇인가 쓰고 싶은 마음이 간절하다. 하지만 공교롭게도 내가 알고 있는 어머니는 내 머릿속에 이렇다할 재료를 남겨주지 않고 가셨다.

어머니의 이름은 치에千枝(1826-1881. 28, 9세 때 나쓰메 나오가츠의 후처로 결혼. 다이스케大助, 에이노스케榮之助, 와사부로和三郎, 히사기치久吉, 치카ちか, 긴노스케金之助;漱石 등 5남 1녀를 낳았다)라고 했다. 나는 지금도 이 치에라는 말에 무한한 그리움을 느끼고 있다. 그러므로 나에게는 그게 오직 우리 어머니만이 가지는 이름으로, 결코 다른 여자의 이름이어서는 안 된다는 마음마저 있다. 행복하게도 나는 아직 어머니 이외의 치에라는 여자를 만난 적이 없다.

어머니는 내가 열서너 살 때 돌아가셨는데, 먼 기억의 저편에서 떠오르는 어머니의 환상은 내 기억의 끈을 아무리 더듬어 가 봐도 할머니로밖에는 보이지 않는다. 어머니의 만년에 태어난 나에게는 어머니의 젊고 싱싱한 모습을 기억할 수 있는 특권이 끝내 주어지지 않고 말았던 것이다.

내가 알고 있는 어머니는 언제나 커다란 안경을 코에 걸고 바느질을 하고 있었다. 그 안경은 철사테로 만든 고풍스러운 것으로서 안경알의 크기가 직경 6센티미터 이상이나 되었던 것으로 기억한다. 어머니는 그것을 코에 건 채 턱을 목 쪽으로 붙이면서 물끄러미 나를 바라보는 일이 가끔 있었는데 노안老眼이 어떻다는 것을 몰랐던 그 무렵의 나에게는 그게 그저 어머니의 버릇인 줄로만 알았다. 나는 이 안경과 더불어 언제나 어머니의 뒷배경이 되어 있던 6자 정도의 미닫이문을 떠올린다. 낡고 퇴색한 미닫이문 위에 붙여진 〈생사사대무상신속生死事大無常迅速〉 운운이라고 쓴 탁본 같은 것도 선명하게 눈앞에 떠오른다.

여름이 되면 어머니는 언제나 올 성근 감색 홑옷 위에 조붓한 검은 공단 오비를 매고 있었다. 이상한 일로, 내 기억에 남아 있는 어머니의 모습은 항시 이 한여름 차림으로 나타나서, 올 성근 감색 홑옷과 조붓한 검은 공단 오비를 지워 버리면, 뒤에 남는 것은 단지 어머니의 얼굴뿐이다. 어머니가 그 시절 마루 끝에 나와 앉아서 큰형과 바둑을 두고 있던 모습 같은 것은 그들 두 사람을 함께 묶은 한 폭의 그림으로서 유일하게 내 가슴속에 간직된 추억인데, 거기에서도 어머니는 역시 똑같은 홑옷에 똑같은 오비를 매고 앉아 있는 것이다.

나는 한 번도 어머니를 따라 외갓집에 가 본 기억이 없다. 그러므로 오랫동안 어머니가 어디서 시집을 왔는지 모르고 지냈었다. 내 쪽에서 먼저 물어보려는 호기심 같은 것도 물론 없었다. 그래서 그 점 역시 뿌옇게 흐린 기억을 더듬을 수밖에 없는데, 어머니가 요쓰야 오반마치에서 태어났다는 이야기만은 분명히 들은 적이 있다. 집은 전당포였던 것 같다. 곳간이 몇 채씩이나 있었다고 전에 누군가에게서 들은 것도 같지만 어쨌든 이 나이가 되도록 그 오반마치라는 곳을 한 번도 가 본 적이 없는 나이고 보니 그런 세세한 점은 깨끗이 잊어버리고 말았다. 설혹 그것이 사실이었다고 해도 내가 지금 간직하고 있는 어머니에 대한 추억 가운데 곳간 달린 저택 같은 것은 결코 나타나지 않는다. 아마 그 무렵에는 이미 없어져 버렸을지도 모를 일이다.

어머니가 아버지에게 시집올 때까지 대감집살이를 했었다는 이야기도 어렴풋이 들어 기억하고 있으나 어느 곳의 어떤 대감댁에서 얼마나 오래 일하고 있었는지, 대감집살이가 무엇인지 그 성격조차 제대로 분별이 안 되는 지금의 나로서는 그저 은은한 향기만 남기고 어렴풋이 사라진 향처럼 도무지 종잡을 수 없는 이야기이다.

그렇기는 하지만, 나는 대감댁 하녀가 입었음직한 화려한 무늬의 비단옷을 우리 집 장롱 속에서 본 적이 있다. 안감마저 붉은 비단인 그 옷은 벚꽃인지 매화꽃인지 모를 꽃으로 온통 무늬져 있었고 군데군데 금실 은실로 뜬 자수도 섞여 있었다. 이것은 아마 그 당시의 가이도리(오비를 맨 위에 길게 걸쳐 입던 옷. 근세 상류계급 부인의 예복 중 하나였다)라는 옷이었을 것이다. 하지만 어머니가 그것을 입은 모습은 아무리 상상해 보아도 전혀 눈앞에 떠오르지 않는다. 내가 알고 있는 어머니는 항상 큼직한 돋보기를 코에 건 할머니였으니까. 어디 그뿐이랴. 나는 이 아름다운 가이도리가 그후 솜이불 겉감으로 고쳐져서 그 무렵 병이 난 식구 누구 위에 덮여 있던 것을 보았을 정도니까.

38

내가 대학에서 가르침을 받은 적이 있는 어느 서양인이 일본을 떠나게 되었을 때, 나는 그에게 무엇인가 선물을 주려고 집의 곳간에서 옻칠 바탕에 금박 무늬가 놓인, 예쁜 술이 달린 문서함을 들고 나온 적이 있다. 그것도 지금은 이미 옛날 일이 되어 버렸지만. 그것을 아버지 앞으로 들고 가서 허락을 받을 당시의 나는 아무것도 느끼지 못했으나, 지금 이렇게 붓을 들고 보니 그 문서함도 솜이불로 변한 화려한 가이도리 옷처럼 젊은 시절의 어머니 모습을 짙게 간직하고 있는 것으로 여겨진다. 어머니는 평생 아버지로부터 옷 한 벌 얻어 입은 적이 없다는 얘기를 들었는데, 과연 아버지가 옷을 해 주지 않아도 될 만큼 혼수를 가져왔던 것일까. 내 마음속에 어른거리는 저 올 성근 감색 홑옷이나 조붓한 검은 공단 오비 역시 시집올 때부터 이미 장롱 속에 있었던 것일까. 나는 새삼 어머니를 만나 어머니로부터 직접 그 모두를 들어 보고 싶다.

장난꾸러기에 고집쟁이였던 나는 결코 세상의 막내둥이들처럼 어머니의 어리광받이가 되지 못했다. 그런데도 집안에서 가장 나를 귀여워해 준 사람은 역시 어머니였다는 짙은 애정이 어머니에 대한 내 기억 속에는 언제나 가득 차 있다.

애증愛憎을 별도로 하고 생각해 보아도, 어머니는 정녕 품위 있고 우아한 부인임에 틀림없었다. 그리고 누가 보더라도 아버지보다 더 현명해 보였다. 꽤 까다로운 큰형도 어머니에게만은 언제나 존경의 마음을 품고 있었다.

"어머니는 아무 말씀도 안 하시지만 어딘가 무서운 데가 있어."

나는 어머니를 평한 큰형의 이 말을 멀고 어두운 기억의 저편에서 지금이라도 당장 끄집어낼 수 있다. 하지만 그것은 물에 젖어 먹물이 빠져 가는 글씨를 황황히 건져 올려 겨우 본디 모습으로 되돌린 것과 흡사한 아슬아슬한 내 기억의 단편에 불과하다. 그 외의 것들에 이르면 우리 어머니의 그 모두는 내게 있어 꿈인 것이다. 토막토막 남아 있는 어머니의 모습을 아무리 정성껏 주워모은다 하더라도 어머니의 전체를 선하게 떠올릴 수는 없다. 그 토막토막 남아 있는 옛날조차 이미 반 이상이 희미해져서 똑똑하게 잡히지를 않는다.

어느 날 나는 이층에 올라가 혼자 낮잠을 잔 적이 있었다. 그 즈음의 나는 낮잠을 자기만 하면 가위에 눌려 시달리곤 했다. 엄지손가락이 점점 커지는데 아무리 있어도 멈추지 않는다거나, 머리 위의 천장이 점점 밑으로 내려와 내 가슴을 짓누른다거나, 또는 눈을 뜨고 평소와 다름없이 주위를 바라보고 있는데 몸만이 수마의 포로가 되어 아무리 버둥거려도 손발을 움직일 수 없게 된다거나, 나중에 생각해 보아도 꿈인지 생시인지 알 수 없는 경우가 많았다. 그리고 그때도 나는 이 이상한 것에 시달리고 있었던 것이다.

나는 언제 어디서 저지른 죄인지 모르지만, 어쨌든 내 돈이 아닌 돈을 많이 써 버리고 말았다. 그것을 무슨 목적으로 어디에 썼는지, 그것조차 분명치 않지만, 어린 나로서는 도저히 갚을 수가 없었기 때문에 겁이 난 나는 자면서 몹시 괴로워했다. 그러다가 마침내 비명처럼 아래층에 있는 어머니를 소리쳐 불렀다.

이층 계단은 어머니의 커다란 안경과 떼어 놓을 수 없는 생사사대무상신속 운운의 저 탁본이 붙여진 미닫이 바로 뒤와 붙어 있었으므로 어머니는 내 고함을 듣자마자 곧장 이층으로 올라와 주었다. 나는 그곳에 서서 나를 바라보고 있는 어머니에게 내 고통을 이야기하면서 제발 좀 어떻게 해 달라고 졸랐다. 어머니는 그때 미소 지으면서 "걱정하지 않아도 돼요. 돈은 이 어머니가 얼마든지 줄 테니까."라고 말했다. 나는 몹시 기뻤다. 그래서 마음 놓고 다시 잠이 들었다.

나는 이 일이 전부 꿈인지, 아니면 반만 진짜인지 지금도 의심스럽다. 하지만 아무리 생각해 보아도 나는 실제로 큰 소리로 어머니에게 구원을 요청했고 어머니 또한 실제로 나타나 나에게 위로의 말을 해 주었다고밖에는 생각되지 않는다. 그리고 그때의 어머니 옷차림은 언제나 내 눈에 비친 그대로 올 성근 감색 홑옷에 조붓한 흑공단 오비였던 것이다.

39

오늘은 일요일이어서 아이들이 학교에 가지 않아 하녀도 마음을 놓았던 듯 여느 때보다 늦게 일어난 눈치다. 그래도 내가 자리에서 일어난 것은 7시 15분이 좀 지나서였다. 세수를 하고 여느 때처럼 토스트와 우유와 계란 반숙을 먹은 뒤

변소에 가려고 하는데 공교롭게도 똥치기가 와 있어서 나는 한동안 나가 보지 않았던 뒤뜰 쪽으로 발길을 옮겼다. 그랬더니 그곳에서는 정원사가 광에서 무엇인가를 정리하고 있었고, 빈 숯가마니 더미 밑에서 기세좋게 타오르는 불길을 에워싸고 딸년 셋이 기분좋은 듯 불을 쬐고 있는 모습이 내 시선을 끌었다.

"그렇게 불길을 바짝 쬐면 얼굴이 새까매진단다."라고 했더니 "저엉말?" 하고 막내가 말했다. 나는 담장 너머로 멀리 보이는 기와지붕이 녹기 시작한 서리에 젖어 아침 햇살 아래 반짝거리는 모양을 바라보다가 다시 집으로 들어갔다.

친척집 애가 와서 서재를 청소하는 동안, 나는 잠시 책상을 들고 툇마루로 나갔다. 그러고는 양지바른 난간에 몸을 기대 보기도 하고 턱을 괸 채 생각에 잠겨 보기도 하고 또 한동안은 꼼짝도 하지 않으며 그저 내 영혼이 자유롭게 노니는 대로 두어 보았다.

가벼운 바람이 가끔씩 화분의 기다란 난 이파리를 흔들곤 했다. 나무들 속에서 휘파람새가 간간이 서툰 지저귐을 들려주었다. 매일처럼 유리문 안에 앉아서, 아직 겨울이다 겨울이다 하고 있는 사이, 봄은 어느 결에 저만큼 다가와 내 마음을 휘젓기 시작하고 있었던 것이다.

내 명상은 아무리 앉아 있어도 정돈되지 않았다. 붓을 들어 쓰려고 하면 쓸거리가 무진장 있을 것 같기도 하고, 이런 걸 쓸까 저런 걸 쓸까 망설이기 시작하다 보면 무엇을 쓴다 해도 시시하다는 맥빠진 마음이 일기도 했다. 잠시 그런 마음에 붙들려 있노라면 이번에는 또 여태까지 쓴 게 깡그리 무의미하게 여겨졌다. 왜 그런 것들을 썼을까, 하는 모순이 나를 조롱하기 시작했다. 그러나 고맙게도 내 신경은 차분히 가라앉아 있었다. 나는 조롱 위에 둥둥 실려 저 높은 명상의 세계 속으로 올라가는 것이 말할 수 없이 유쾌해졌다. 자신의 어리석은 모습을 구름 위에서 내려다보며 웃고 싶어진 나는, 자기가 자기를 경멸하는 기분에 흔들려 가며 요람 속에서 자는 어린애가 되어 있었다.

나는 지금까지 남의 일과 자신의 일을 이것저것 너저분하게 썼었다. 남의 일을 쓸 때는 가능한 한 상대방에게 폐가 되지 않도록 해야 한다는 데 마음을 썼다. 내 신상에 관한 이야기를 할 때는 오히려 비교적 자유스러운 공기 속에서 호흡할 수가 있었다. 하지만 그래도 나는 아직 자신이 가진 모든 속기俗氣를 남김없이 벗어던질 정도에는 이르지 못했다. 거짓으로 세상을 우롱할 만큼의 자만심은 없었다 치더라도 더 천한 부분, 더 나쁜 부분, 더 체면을 잃어버릴 만한 자신의 결점은 그예 발표하지 못하고 말았다. 성聖 어거스틴의 참회, 루소의 참회, 오피움이터(영국 작가 토머스 D. 퀸시가 쓴 〈어느 아편 중독자의 고백Confessions of an English Opium Eater〉을 가리킨다)의 참회—그런 것들을 아무리 더듬어 가 보아도 참된 사실은 인간의 힘으로 도저히 서술할 수 없다고 누군가가 말한 적이 있다. 하물며 내가 여기에 쓴 것은 참회가 아니다. 내 죄는— 만일 그것을 죄라고 할 수 있다면— 지나치게 밝은 쪽에서만 그리고 있는 것이리라. 거기에 어떤 사람은 일종의 불쾌감을 느낄지도 모르겠다. 하지만 나 자신은 지금 그 불쾌감 위에 올라앉아 일반 사람들을 두루 둘러보면서 미소를 짓고 있다. 지금까지 시시한 것들을 쓴 자신마저도 똑같은 눈으로 바라보면서, 마치 그게 타인이었던 것 같은 느낌으로 역시 미소를 짓고 있는 것이다.

뜰에서 휘파람새가 또 간간이 지저귄다. 봄바람도 가끔 생각났다는 듯 난 이파리를 흔들러 온다. 고양이가 어디선가 크게 물린 귀언저리 상처를 햇볕에 드러낸 채 가물가물 졸고 있다. 좀전까지 뜰에서 고무풍선을 띄우며 떠들던 아이들은 다함께 활동사진을 보러 가 버렸다. 집도 마음도 차분한 가운데, 나는 유리문을 열어젖히고 조용한 봄 햇살에 감싸여 망연히 이 원고를 끝낸다. 잠시 후에 나는 팔베개를 하고 이 툇마루에서 한숨 잘 작정이다.

유리문 밖의 나와 유리문 안의 세상

김정숙

　일본에 오래 살면서, 내가 우리나라와 대비해 가장 부럽게 느끼는 것은 나쓰메 소세키夏目漱石라는 한 근대 작가의 존재이다. 아니, 엄밀히 말하면 그가 일본 내에서 차지하고 있는 위치이다. 그의 이름 앞에는 우리에게는 없는 〈국민적 작가〉라는 레테르가 늘 따라다닌다. 그 의미를, 일본에서 가장 널리, 가장 많이 읽히는 작가라는 데서만 찾는다면 진부한 감이 든다. 또 오랫동안 천 엔 지폐에 새겨진 인물이었다는 인기도에서 찾는다는 것도 가벼운 느낌을 준다. 소세키가 진실로 〈국민적 작가〉로 일컬어지는 이유는, 그의 문학이 일본인들의 정신 속에 미치고 있는 다대한 영향력 때문이다.

일상에서 실감하는 소세키의 영향력은, 예를 들면 소세키를 전공한다는 이유 하나만으로 가난한 유학생에게 공짜로 집을 빌려 준 우리 집 주인 할머니로 대표되지만, 소세키를 통해 문학에 입문했다는 사람들도 적잖게 만났다. 특히 이상한 것은 전쟁이나 역사의 전환기에 소세키 문학 붐이 일어나는 점이다. 태평양전쟁 패전 후 일어났던 붐은 내가 보지 않아서 모르겠다. 그러나 1989년의 동구 혁명, 1991년의 소련 붕괴와 중동전쟁 때 일어난 소세키 붐은 내가 실제로 보았다. 또 2003년, 자위대의 이라크 파병 문제로 전 일본이 떠들썩했을 때 여러 매스컴에서 그를 재조명한 것도 기억에 새롭다. 사회가 불안할수록 삶의 가치를 되돌아보고 자기 성찰을 하게 되는 그 지점에 소세키 문학은 하나의 길잡이 역할을 하고 있는 것이다. 우리가 못 가진 〈국민적 작가〉로, 실로 부럽기 그지없다.

소세키의 무엇이 이토록 일본인들을 사로잡고 있는 것일까? 이 의문에 대한 해답은 소세키 문학의 본질과 관련된 것이지만, 우선 문학이 그 나라의 풍토 위에서 형성된 감수성을 모태로 쓰이고 또 읽힌다는 초보적인 관점으로부터 그 비밀을 약간 생각해 보기로 하자.

　소세키는 1867년, 지금은 도쿄라 불리는 에도江戶에서 태어났다. 일본이 전근대에서 근대로 전환하는 메이지유신이 일어나기 한 해 전이다. 집안은 대대로 막부幕府 밑에서 에도 일각의 민정을 돌보던 나누시名主 집안이었다. 태어나자마자 양자로 보내지는 불행한 어린 시절은 있었다 하더라도 그가 자란 것은 신도시 도쿄에 뿌리깊게 남아 있던 에도 정서 속이었다.

　그의 감수성 안에 녹아 있는 그 영향을 이 책〈유리문 안에서〉가운데서 찾는다면, 그가 즐겨 들으러 다녔던 요세寄席 취미로 상징될 수 있겠다. 그의 작품, 특히 초기작품에 두드러지는 유머와 리드미컬한 문장은 실로 여기에서 길러진 감각으로, 대중적 인기의 한 원천으로까지 일컬어지고 있다. 그러나 또 하나 에도와 관련해서 그의 문학을 특징짓는 게 있다면, 유교적 윤리관에 사상의 기반을 둔 점이다.

　〈나는 윤리적으로 태어난 남자입니다. 또 윤리적으로 자란 남자입니다. 이 윤리상의 생각은 오늘날의 젊은이와는 상당히 다른 데가 있을지 모릅니다. 그러나 아무리 달라도 엄연

히 나 자신의 것입니다. 급한 대로 빌려입은 옷이 아닙니다.〉

이것은 일본의 중고등학교 국어교과서에 가장 많이 실리는 그의 작품 〈마음〉의 주인공이 한 말이지만 소세키의 술회 그대로 받아들여도 좋을 것이다. 동시대의 많은 근대 작가가 유교적 윤리관을 부정하는 데로부터 작가적 출발을 한 것과는 극히 대조를 이룬다. 그것도 일본 최초의 국비 유학생으로 영국 유학까지 한 사람인 것이다. 여기에는 오랜 봉건 시대 속에서 고정화된 유교적 덕목을 깨인 눈으로 바라보고 그 핵심을 파악함으로써 오히려 그것을 뛰어넘는 새로운 윤리를 세워, 서구 개인주의적 윤리와 대치하고자 하는 그의 외로운 싸움이 내재되어 있다. 이러한 에도적인 것들은, 말하자면 일본인들의 전통적 정서 속에 소세키 작품이 익숙하게 받아들여진다는 것을 이야기한다.

그러나 그런 이유만으로 그가 많은 독자를 획득하고 오늘날까지 영향을 끼친다고 생각한다면 동시대의 다니자키준이치로 등에서 보이는 일본적 세계의 그것과 별 차이가 없을 것이다. 소세키 문학이 일본을 뛰어넘는 요소, 그리고 소세키를 소세키이게 하는 가장 큰 요소는 무엇보다도 그가 오늘날에도 통하는 근대화의 모순이나 그늘, 또는 에고이즘과 불신으로 몸부림치는 고독한 인간 군상을 누구보다도 철저하게 파헤친 작가였다는 사실이다. 이것은 그가, 그 자신과 그가 살던 시대의 통절한 문제로부터 한 발도 떨어지지 않았다는 것을 말해 주는 동시에, 사회와 인간의 암부暗部에 정면으로 맞서 싸워 왔다는 것을 의미한다. 작가, 특히 위대한 작가일수록 예언자적 기질을 갖추고 있으나, 100여 년 전에 소세키가 통찰한 근대 문명의 행방과 개인의 운명은 오늘날 누구의 눈에라도 분명하게 띄고 있다. 그의 문학이 널리 읽히는 이유는 현대인이 느끼는 삶의 문제가 그 치열한 추구와 함께 공감을 불러일으키기 때문일 것이다.

이상이 소세키 문학과 일본에서 차지하고 있는 그의 위치에 대한 소개라면, 다음으로 독자의 이해를 돕기 위해 〈유리문 안에서硝子戶の中〉를 약간 설명하겠다.

이 작품은 1915년 1월부터 2월에 걸쳐 아사히 신문에 연재된 수필이다. 소세키가 죽기 전해에 해당하며, 소세키 문학 만년의 전기轉機라고 일컫는 〈길 위의 생道草〉을 쓰기 직전에 위치해 있다. 자기의 내면과 대상 사이에 거리를 두는 것과 과거에 대한 회상 등으로 흔히 〈길 위의 생〉의 예고작으로 불리지만, 만년에 이른 소세키의 인간관이나 인생관을 엿보는 작품으로도 높이 평가되고 있다.

소재는, 소세키가 고질인 위궤양과 감기로 바깥출입을 못한 채 집 안에서 요양하고 있는 동안 보고 느낀 신변잡기와 어린 시절의 회상 등으로 잡다하기 그지없다. 그러므로 줄거리를 쫓아간다거나 일관된 주제를 찾는다는 것은 무리이다. 이런 점이 더욱 수필다울지 모르겠지만, 소설을 쓸 때와는 다른 작자의 자유로운 정신이 절로 느껴진다. 그래서일까, 이 작품 속에는 잘 알려지지 않은 인간 소세키의 면면들이 곳곳에서 얼굴을 내민다. 명성에 따르는 일종의 신화화神話化로 자칫 놓치기 쉬운 면이 있는가 하면, 과연 그래서 소세키가 존경을 받는구나 하고 확인되는 면도 있다. 소세키를 보다 가깝게 느끼게 하는 작품, 그것이 바로 이 〈유리문 안에서〉이다.

소세키가 사유思惟하고 있는 〈유리문 안〉이라는 공간은 소세키 산방漱石山房으로 불리던 그의 집 가운데 있던 서재로, 당시의 일본 집으로서는 드물게 유리를 끼워 넣어 만든 서양식

문이 있었다. 이것은 소세키가 그렇게 설계한 게 아니라 미국 유학에서 돌아온 의사였던 집주인의 진료실이었던 까닭이다. 서재, 즉 이 〈유리문 안〉과 밖을 소세키는 자신의 내면세계와 바깥세계를 경계 짓는 은유로서 사용하며, 담담한 어조로 유리처럼 투명한 마음의 산책을 하는 것이다.

  39장으로 구성된 내용은 크게 현실과 과거로 분류할 수 있겠다. 현실은 소세키를 방문한 사람들 또는 주변에서 일어난 일이고, 과거는 소년 시절의 회상이다. 작품은 전체의 약 반수가 회상이지만 이야기는 최근에 일어난 것으로부터 시작하여 점점 과거 속으로 들어가는 형식을 띠고 있다. 또 현실에서 일어난 일이 옛친구 O를 제외하고는 거의가 세상살이의 힘겨움과 음울한 세계라면, 추억 속에서 떠오르는 먼 과거는 한 폭의 풍경화를 연상시키듯 아름답다. 이 대비는 현실을 부정하거나 과거를 동경하는 따위와는 그 질이 다르다. 이를테면 작품 속에서 말하는 〈지금과 옛날과 또 그 옛날 사이의 인과〉를 인정해야 하는 우리들의 생, 즉 현재의 삶을 비추기 위함이다. 그러나 그 과거는 또 사라져 간 것에 대한 깊은 상실감을 동반하고도 있다. 이 작품에서 특기할 만한 것은, 소세키가 오랫동안 터부시해 왔던 자신의 성장 과정을 처음으로 적극적으로 이야기하기 시작했다는 점이다. 태어나자마자 양자로 버려진 것, 생가에 돌아와서도 부모의 사랑을 못 받은 것 등등, 소세키 일생을 괴롭힌 어두운 부분들이 그것이다. 만년에 이르러 그는 겨우 그 속박에서 벗어난 것일까.

작품 전체에 흐르고 있는 것은 죽음에 대한 깊은 성찰이다. 젊었을 때부터 위가 좋지 않았던 소세키는 1910년 위궤양으로, 이른바 슈젠지 대환修善寺大患으로 불리는 생애 최대의 위기를 맞았다. 이후 1916년 서거할 때까지 거의 매년 위궤양이 재발, 이 글에서도 그 이야기를 하고 있다. 자신의 생명이 앞으로 1년밖에 남지 않았다는 것은 몰랐다 하더라도, 죽음에 대한 상념은 소세키를 떠나지 않았던 것 같다. 이미 전작前作인 〈마음〉에서 죽음을 주제로 다룬 그는, 여기에서 더욱 내성한 눈으로 삶과 죽음을 응시하고 있다. 직접적으로 죽음을 취급한 에피소드뿐만이 아니라 그럽게 떠올리는 소년 시절의 추억 속에서도 여러 죽음의 이야기가 나온다. 〈유리문 안에서〉의 세계가 알 수 없는 우수로 싸여 있는 것은 아마 가라앉은 정조와 함께 죽음의 이야기가 많기 때문일 것이다. 그러나 과거가 현재의 삶 위에 있었던 것처럼 죽음 또한 그런 눈으로 그려지고 있음을 놓쳐서는 안 된다.

예를 들면, 자살을 각오한 여자가 찾아왔을 때의 에피소드이다. 작품상에는 여자의 불행한 연애가 어떤 것이었는지 그려져 있지 않지만, 실은 그 여자는 당시 30세 전후로 이혼 경력이 있으며, 연하의 청년과 연애에 빠져 그 청년을 자살시킨 과거를 가지고 있었다. 그녀가 소세키를 방문하여 자살할 시기를 기다리고 있노라고 자기 심정을 고백했던 것이다. 이 무렵의 소세키는 〈죽음은 삶보다 고귀하다〉는 일종의 달관 비슷한 생각을 가지고 있었으나 그가 여자에게 한 충고는 죽지 말고 살아 달라는 것이었다. 이것은 아무리 삶이 고통스럽다고 해도 죽음으로 해결할 게 아니라 있는 그대로 받아들여 인간적인 각오와 결의에 의해 살 가치가 있는 것으로 만들어야 한다는 것에 다름아니다. 평범한 진리로, 소세키 스스로도 이상理想과 다른 자신을 솔직히 인정하고 있지만, 그 점이 더욱 진솔하게 마음에 와 닿는다.

그 밖에 작품 마지막 부분에 나오는 어머니의 환상이나 작품을 다 쓰고 났을 때 느끼는 심경의 의미 등 언급할 부분이 많이 남아 있으나 그것들은 독자의 해석에 맡기겠다. 소세키가 일부러 일관된 주제를 세우지 않은 이상, 서툰 해설로 행여 독자의 맑은 눈을 가리는 일이 있어서는 안 되기 때문이다. 큰 흐름만 지적한 것도 그런 생각에서였다. 〈유리문 안에서〉 울리는 선율 가운데 어떤 것에 귀를 기울일지는 독자의 읽기에 따라 저마다 다르겠지만, 일상에 지친 우리들의 영혼을 쉬게 하고, 생을 진지하게 되돌아보게 하는 시간에의 공유는 충분히 기대해도 좋을 것이다.

덧붙여, 이 작품은 1999년 일본 국제언어문화진흥재단의 번역 출판 조성금을 받아 우리나라에 소개한 것이다. 에도 문화를 모르면 번역을 할 수 없기 때문에 요세를 보러 도쿄까지 갔었고 하이쿠를 이해하기 위해 중세문학 연구가를 찾아가는 등 공부를 많이 했었다. 주석이 많은 것도 그 때문일 것이다. 그러나 그렇게 최선을 다했어도 나중에 보니 내 이해가 부족한 데가 여럿 있었다. 공을 많이 들인 번역인 만큼 애착도 많아 기회가 있으면 다시 손을 보고 싶다고 생각하고 있던 중 다행히 이번에 그 뜻을 이루게 되었다.

소세키 작품을 번역할 때마다 떠올리는, 은사 사토 야스마사佐藤泰正 선생님의 "한국어로 소세키 문학을 쓴다고 생각하라."는 말씀을 이번에도 마음에 새기며 한 편의 우리 작품을 쓴다는 마음으로 우리말을 다시 고르고 부족했던 부분을 보완하며 독자들이 쉽게 접근할 수 있도록 손을 보았음을 밝혀 둔다.

2008년 2월 후쿠오카에서

나쓰메 소세키 연보

1867년 2월 9일(음력 1월 5일), 현재의 도쿄 신주쿠구 우시코메기쿠이초에서 그 일대의 민정을 돌보던 나누시 나쓰메 코헤에나오카쓰夏目小兵衛直克와 후처 치에千枝의 막내(5남 3녀)로 태어남. 본명은 긴노스케金之助. 양친이 고령인데다 형제가 많은 탓에 그의 탄생은 환영을 못 받은 듯, 고물상에 수양아들로 보내졌으나 불쌍히 여긴 누나에 의해 생가로 돌아옴.

1868년 11월, 요쓰야의 나누시 시오바라 마사노스케의 양자로 감.

1870년 천연두에 걸려 그 흔적이 얼굴에 남음.

1874년 양부의 여자관계로 가정불화. 양모와 함께 일시 생가로 옴. 11월경, 시오바라 가에 돌아감. 전후해서 도다소학교에 입학. 성적 우수.

1875년 4월, 양부모 이혼. 시오바라 가에 적을 둔 채 생가로 돌아옴.

1876년 친구들과 만든 회람 잡지에 한문으로 〈마사나리론正成論〉을 씀.

1879년 3월, 도쿄부립 제1중학교에 입학.

1881년 1월, 생모 치에 54세로 사망. 전후해서 제1중학교 중퇴. 4월경, 니쇼학사二松學舍에 들어가 한학漢學을 배움.

1883년 8월경, 대학 예비문(제1고등학교 전신. 당시에 도쿄제국대학 입학을 위한 전 단계로 여겨졌다) 입학시험을 위해 세이리쓰학사成立學舍에 입학, 좋아하던 한학을 버리고 영어 공부에 열중함.

1884년 9월, 도쿄제국대학 예비문 예과豫科에 입학.

1886년 4월, 대학 예비문이 제1고등중학교로 개칭. 7월, 복막염으로 낙제. 그 후 심기일전하여 졸업할 때까지 줄곧 수석을 차지함.

1887년 3월 큰형 다이스케大助, 6월 둘째형 나오노리直則가 폐결핵으로 연이어 사망.

1888년 1월, 나쓰메 가로 복적復籍. 7월, 제1고등중학교 예과 졸업. 9월, 본과 영문과에 진학.

1889년 1월, 생애의 친우인 하이쿠 시인 마사오카 시키正岡子規와의 교우가 시작됨. 5월, 시키의 시문집인 〈나나쿠사슈七艸集〉평에 처음으로 소세키漱石라는 호를 사용함.

1890년 7월, 본과 졸업. 9월, 도쿄제국대학 문과대학 영문과에 입학.

1891년 12월, J. M. 딕슨 교수의 의뢰로 일본의 고전인 〈호조키方丈記〉를 영역.

1892년 4월, 분가. 5월, 도쿄전문학교(현재의 와세다대학교)에 강사로 출강. 6월 〈노자의 철학〉, 10월 〈문단에 있어서의 평등주의자 월트 휘트먼의 시에 대하여〉를 집필.

1893년 1월, 문과대학 영문학 간담회에서 '영국 시인의 천지 산천에 대한 개념'을 강연, 이를 3월부터 9월까지 〈철학잡지〉에 연재

하여 호평을 받음. 7월, 도쿄제국대학 문과대학 영문과 졸업, 동대학원에 입학. 10월, 도쿄고등사범학교 영어 교사로 부임.

1894년 봄, 폐결핵 징후. 신경쇠약의 악화와 함께 극도의 염세주의에 빠짐. 가마쿠라의 엔카쿠지에서 참선.

1895년 2월, 영자신문 〈저팬 저널〉 기자 모집에 응모, 불합격. 4월, 도쿄 고등사범학교를 사직하고 에히메 현의 마쓰야마 중학교 교사로 부임. 여기서 〈도련님〉의 소재를 얻음. 12월, 귀족원 서기관장 나카네 시게이치의 장녀 교코鏡子와 맞선, 약혼.

1896년 4월, 마쓰야마 중학 사직. 구마모토 제5고등학교 강사로 취임. 6월, 자택에서 교코와 결혼식을 올림. 7월 교수로 승진.

1897년 4월, 교사를 그만두고 문학에 전념하고 싶다는 뜻을 시키에게 비침. 6월, 부친 사망. 연말경 오아마온천에 여행하여 〈풀베개〉 소재를 얻음.

1898년 9월경, 나중에 문하생이 된 수필가 데라다 도라히코寺田寅彦 등에게 하이쿠를 가르침. 교코의 자살 미수 사건과 심한 입덧으로 고민.

1899년 5월, 장녀 후데코筆子 출생. 9월 아소에 여행. 〈이백십일〉의 소재를 얻음.

1900년 5월, 문부성으로부터 영어 연구를 위한 2년 간의 영국 유학 명령을 받음. 9월 8일, 독일 기선 프로이센 호로 출발하여 10월 28일 런던에 도착.

1901년 1월, 차녀 쓰네코恒子 출생. 과학자 이케다 기쿠나에池田菊苗를 만나 크게 자극받음. 이 무렵 문학 이론서 〈문학론〉 집필을 구상. 4월, 병상의 시키를 위하여 쓴 긴 편지가 〈런던 소식〉이라는 제목으로 〈호토토기스〉에 게재됨.

1902년 극도의 신경쇠약에 시달림. 9월 시키 사망.

1903년 1월, 귀국. 제1고등학교 전임강사와 도쿄제국대학 영문과 전임강사를 겸임. 대학에서 영문학 형식론과 문학론 등을 강의. 10월, 삼녀 에이코榮子 출생.

1904년 9월, 메이지대학 강사 겸임. 12월, 다카하마 교시의 권유에 의해 쓴 첫 작품 〈나는 고양이로소이다〉를 문학 모임에서 낭독, 호평을 받음.

1905년 1월, 〈나는 고양이로소이다〉를 〈호토토기스〉에 발표. 1회분의 단편이 공전의 호평을 얻어, 다음해 8월까지 10회에 걸친 장편으로 단속 연재됨. 병행해서 〈런던탑〉〈칼라일박물관〉〈환영의 방패〉 등을 발표. 왕성한 창작 의욕을 보임. 12월, 사녀 아이코愛子 출생.

1906년 1월 〈취미의 유전〉, 4월 〈도련님〉, 9월 〈풀베개〉를 발표. 빈번히 출입하는 문하생들의 방문을 10월부터 매주 목요일 오후 3시 이후로 정함. '목요회'로 불림.

1907년 4월, 교직을 떠나 아사히 신문사에 입사. 전속 직업 작가로서의 길을 걷기 시작함. 입사 첫 작품으로 〈개양귀비虞美人草〉(6월 23일-10월 29일)를 아사히 신문에 연재. 6월, 장남 준이치純一 출생.

1908년 〈갱부坑夫〉(1월 1일-4월 6일), 〈문조文鳥〉(6월 13일-21일), 〈꿈 열 밤夢十夜〉(7월 25일-8월 5일), 〈산시로三四郎〉(9월 1일-12월 29일)를 아사히 신문에 연재. 동반 자살 미수 사건으로 사회적 물의를 일으킨 제자 모리타 소헤이森田草平를 보호. 그 전말을 그린 〈매연煤煙〉집필을 격려. 11월, 차남 신로쿠伸六 출생.

1909년 〈긴 봄날의 소품永日小品〉(1월 14일-3월 14일), 〈그 후〉(6월 27일-10월 14일)를 연재. 9월, 만주철도 총재인 친우 나카무라 제코中村是公의 초대로 만주와 한국을 여행, 기행문 〈만한 여기저기〉를 연재. 11월, '아사히문예란'을 신설, 주재. 위경련으로 고통.

1910년 〈문門〉(3월 1일-6월 12일) 연재. 탈고 후 위궤양이라는 진단을 받고 입원. 8월, 전지 요양차 간 슈젠지 온천에서 인사불성의 위독 상태에 빠짐. 흔히 '슈젠지 대환大患'이라고 부름. 3월, 오녀 히나코 출생.

1911년 2월, 문부성으로부터 문학박사 학위를 수여하겠다는 통지를 받았으나 거절. 8월, 아사히 신문 의뢰로 관서지방 강연 여행. 11월, 오녀 히나코 급사.

1912년 〈춘분 무렵까지〉(1월 1일-4월 29일)를 연재. 이 무렵 신경쇠약과 위궤양으로 다시 고통. 12월 〈행인行人〉(12월 6일-1913년 11월 17일) 연재 시작.

1913년 신경쇠약과 위궤양 재발로 〈행인〉 중단. 자택에서 요양.

1914년 〈마음〉(4월 20일-8월 11일) 연재. 9월, 네 번째 위궤양 재발로 한 달 동안 와병. 11월 〈나의 개인주의〉를 강연.

1915년 신년 연하장에 죽을지도 모른다고 씀. 〈유리문 안에서〉(1월 13일-2월 23일), 〈길 위의 생道草〉(6월 3일-9월 14일) 연재. 이 해 후반 기쿠치 간菊池寬, 아쿠다가와 류스노케芥川龍之介, 구메 마사오久米正雄 등이 문하생이 됨.

1916년 2월, 아쿠다가와의 〈코〉를 절찬. 4월 당뇨병으로 진단, 치료. 5월 〈명암明暗〉 연재 시작. 11월 초, 목요회에서 만년의 사상이라 불리는 '칙천거사則天去私'에 대해 언급. 12월 2일, 위궤양 내출혈로 위독한 상태에 빠져 9일 오후 사망. 향년 50세. 〈명암〉은 188회를 마지막으로 중단.

1918년 1월, 최초의 〈소세키 전집〉(전13권)이 이와나미서점岩波書店에서 간행되기 시작함.

김정숙

1949년 경북 영주 출생. 현대문학사, 금성출판사 등의 편집자를 거쳐 1985년 일본 유학. 바이코학원대학과 동 대학원에서 일본 근대문학을 전공, 박사과정을 수료했다. 현재 기타큐슈시립대학, 후쿠오카대학, 큐슈산업대학 등에서 한국어와 한국문화를 강의하고 있다. 저서로는 〈마지막 배우는 체계 일본어 독본〉(공저)이 있으며, 역서로는 〈길 위의 생〉〈나쓰메 소세키 단편선집〉〈런던탑·취미의 유전〉 등이 있다.

유리문 안에서

1판 1쇄 발행 2008년 3월 10일

지은이 나쓰메 소세키
옮긴이 김정숙

발행처 문학의숲
발행인 고세규

신고번호 제300-2005-176호
신고일자 2005년 10월 14일

주소 서울시 마포구 동교동 200-19번지 501호(121-819)
전화 02-325-5676
팩스 02-333-5980

값은 표지에 있습니다.
ISBN 978-89-959049-3-0 03830

문학의숲은 책을 읽는 독자의 기쁨을 생각합니다.
문학의숲은 좋은책이 독자에게 행복을 전한다고 믿습니다.